시각장애와 한국 점자

염동문 · 이성대

창지사

머리말

그동안 대학에서 장애인복지를 강의하면서 많은 한계를 느꼈다. 장애인복지 분야에서 사회복지사로 근무하게 될 학생들이 장애인복지론 한 과목만 수강하고 대부분 졸업하고 있으며, 그나마 장애인복지론은 필수가 아닌 선택과목이라서 개설되지 않은 대학들이 많았다.

그리고 이미 개설된 장애인복지론도 다양한 이론과 정책으로 구성되어 있지만, 우리나라 장애인들의 현실적인 삶과 많은 괴리가 있음을 절감하였다. 또한 대다수의 장애인복지론 교재에는 장애인과 어떻게 이야기하고 어떻게 접근해야 하는지에 대한 실천적인 내용이 빠져 있었다.

대학에서 이 정도를 배운 사회복지사가 다양하고 복잡한 장애인복지 현장에서 전문가로서 업무를 수행하기엔 많은 한계점을 가지고 있다고 생각되었다. 그래서 장애 영역마다 어떠한 기본적인 접근들이 필요한지를 고민하게 되었다.

가장 먼저 나름의 해결책으로 수화를 초급과 중급과정으로 나누어 전공 교육과정에 개설하였다. 그러나 점자는 정규 교과목으로 개설할 수 없어서 장애인복지론 시간과 평생교육원의 교양과목으로 개설하여 학생들에게 강의했다.

점자 강의 준비를 위해 인터넷을 검색하고 장애인복지관 등에 문의하였지만 좋은 답을 얻지 못하였는데, 시각장애인으로 사회복지학과를 졸업한 최정천 선생님을 알게 되어 많은 도움을 받았다.

많이 알려진 수화와는 달리 10여 년 전(지금도 비슷하지만)에는 점자학습에 필요한 책을 서점에서 구입할 수 없고, 점자를 배우고 싶어도 쉽게 접근하기 어려운 상황이었다.

그래서 적어도 사회복지학을 전공하는 사람들과 시각장애인에 대한 관심과 점자를 배우고자 하는 사람들을 위한 안내서로써 기능할 수 있는 교재를 만들고자 하였지만, 7~8년이 지나서야 박사과정 이성대 선생과 작업을 하게 되었다.

본 도서에 사용된 많은 자료들은 그동안 저자가 알게 된 여러 인터넷 사이트와 논문과 책을 통하여 수집된 것들이다. 그러므로 순수 창작물이 아니라 앞선 이들의 수고로 만들어진 것을 그냥 보기 좋게 엮기만 하였다.

이 책은 총 5장으로 구성하였다.

/제1장/ 에서는 장애에 대한 개념을 정리해봤으며,

/제2장/ 에서는 시각장애인에게 필요한 다양한 보조기구들 중에서 대표적인 몇 가지를 소개하였으며,

/제3장/ 에서는 점자에 대한 역사와 한글 점자의 변천, 한글 점자를 만든 송암 박두성 선생님에 대한 이야기 등을 다루었다.

/제4장/ 에서는 점자의 원리와 학습방법을 자세히 소개하고,

/제5장/ 에서는 시각장애와 관련된 내용을 읽으며 점자를 익힐 수 있도록 구성하였다.

이 책이 나오도록 도와준 박사과정 류현희 선생에게 고마움을 전하며, 든든한 지원자이신 재활협회 장찬석 사무총장님, 점자를 재미있게 가르쳐 주신 최정천 선생님, 늘 격려와 도움을 주는 동료 심미영 교수님, 장애인복지의 길을 알려 주신 손광훈 교수님께 감사드린다.

여러 곳에서 허술하고 부족한 점이 발견되지만, 장애인복지에 관련된 많은 분들이 점자를 쉽게 익힐 수 있는 안내서가 되기를 소망하는 마음으로 작은 책을 세상에 내어 놓는다.

2012년 4월

상문리에서 염동문

차 례

CHAPTER 1

장애의 개념

1. 장애의 일반적 개념
2. 세계보건기구의 장애 개념
3. 시각장애의 정의

1. 장애의 일반적 개념

장애에 대한 개념을 보편화시키기란 쉬운 일이 아니다. 장애의 양태나 그것이 지니는 문제의 양상이 다양할 뿐 아니라, 사회적인 관념의 차이에 따라 장애를 규정하는 기준이나 관심이 상이하게 나타나기 때문이다.

우리나라 장애인복지법 제2조에서는 "장애인이란 신체적·정신적 장애로 오랫동안 일상생활이나 사회생활에서 상당한 제약을 받는 자를 말한다."고 정의하고 있다.

유엔에서 선포한 장애인 권리 선언에서는 "장애인이라 함은 선천적이든 후천적이든 관계없이 신체적, 정신적 능력의 불완전으로 인하여 개인의 일상 또는 사회생활에 필요한 것을 얻는 데 자기 자신으로서는 완전하게 또는 부분적으로 할 수 없는 사람을 의미한다."고 정의하고 있다.

여기서 공통적으로 언급하고 있는 것은 불편함, 손상, 일상생활 등이다. 즉, 불편하다고 해서 모두 장애란 것은 아니다. 예를 들어, 며칠 동안 고된 일을 하고 나서 몸이 불편한 것은 장애라 볼 수 없다.

또한 신체적 손상을 입었다고 해서 반드시 장애라고 할 수는 없다. 왜냐하면, 교통사고나 넘어져서 깁스를 했을 경우에 신체적 손상을 입었지만 장애라고 하지 않고 그냥 환자라고 이야기한다.

즉, 불편함과 손상이 일시적이지 않고 장기간 동안 지속되는 경우에 흔히 장애라고 이야기한다. 그리고 수영이나, 낚시, 등산, 스키를 타는 상황에서가 아닌 일상적인 생활을 영위하는 데 있어서 불편함의 정도가 지속되는 것을 의미한다.

그리고 대개 이러한 경우에 있는 사람들은 휠체어, 목발, 흰지팡이, 수화, 안내견, 도우미 등 보조적 수단의 도움 없이는 곤란을 겪는 경우가 많다.

이러한 관점에서 장애의 정의를 나름대로 내린다면, "장애란 일상생활을 하는 데 있어서 보조적 수단의 도움 없이 장기간 생활하는 데 상당한 어려움을 겪는 것"을 뜻한다. 그리고 이러한 상황에 있는 사람을 장애인이라 한다. 장애인복지는 이러한 장애인들의 욕구를 해결하기 위한 사회적인 노력이라 할 수 있다.

그러나 이러한 개념적 정의에서도 장애를 명확하게 설명하지는 못한다. 일상생활이란 어디까지를 말하는 것인지 불분명하다. 모든 국가와 사회마다 일상생활의 범위는 다르게 인식되고 있기 때문이다. 또한 장기간이란 용어도 기준이 각 나라마다 다르며, 우리나라 장애인복지법에서 인정되고 있는 15종류의 장애에서도 시각이 제각기 다르기 때문이다.

즉, 장애는 원래 존재하는 것이 아니라 그 사회가 가지고 있는 정치, 경제, 사회, 문화적인 배경으로 만들어지는 인위적인 구성개념일 뿐이다.

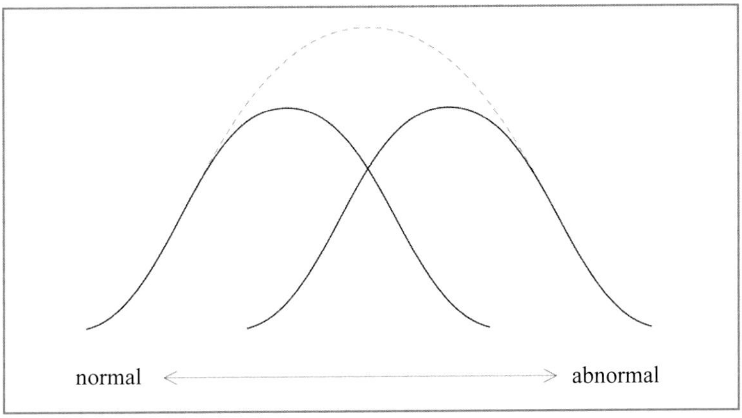

그림 1-1. 정상(正常)과 비정상(異常)에 대한 개념

위의 그림에서 오른쪽으로 가면 갈수록 비정상적인 상태가 된다고 가정하자. 그렇다면 인간이 상상할 수 있는 가장 오른쪽에 있는 비정상적인 상태는 무엇일까? 그것은 바로 죽은 상태일 것이다. 반대인 왼쪽으로 가면 갈수록 정상적인 상태라고 한다면, 가장 완벽하면서 한 치의 티끌도 없는 상태는 무엇일까? 그것은 바로 신적인 존재일 것이다. 불완전한 인간이 완벽한 신을 상상한다는 것이 모순일 수도 있지만 말이다.

아무리 똑똑하고 완벽한 인간이라고 하더라도 살아 있는 인간은 신과 죽은 자의 중간에 존재할 것이다. 그런데 어느 순간부터 누군가가 위의 그림에서 나름의 잣대로 기준을 적용하여 기준선의 오른쪽은 비정상, 왼쪽은 정상으로 구분하기 시작한 것이다. 사실은 모두 다 비정상인데도 말이다. 이러한 잣대는 시대마다 달랐으며, 같은 시대라고 하더라도 나라마다 다르게 적용되고 있다. 합리적인 잣대라고 주장하지만 사실은 권력과 사회적 기득권에 의해서 사회적 소수집단과 약자에 대한 사회적 폭력을 행사하고 있는 것이다.

그리고 보편적으로 사회에서 normal을 정상(正常)이란 단어로 사용하고 있지만, 사실은 잘못 사용되고 있는 용어이다. 정상은 아무도 없는 것이다. 여담을 하자면, 정상(頂上)인은 산악인 중에서 산의 꼭대기에 올랐을 때를 일컬으며, 그 산악인도 산을 내려오면 비정상인이 되는 것이다.

또 다른 예를 들어보겠다. 현재 저출산 고령화가 매우 심각한 상황이며, 환경오염과 생태계 파괴로 지구는 몸살을 앓고 있다. 그래서 향후 어느 시점에서 태어나는 아이가 이마 한가운데에 눈이 하나만 있다고 가정해 보자. 아마도 언론과 사회에서 엄청난 반응을 보일 것이다. 어떻게 이런 일이 발생할 수 있는가? 하면서 말이다. 그런데 그 이후로 계속 태어나는 아이들이 모두 눈이 하나만 있다면 어떻게 되겠는가? 아마도 70~80년이 지나면, "세상에, 옛날 사람들은 눈이 두 개였다면서?"라는 말을 우스갯소리 삼아 할지도 모른다. 지금처럼 눈이 두 개인 사람이 그 시절이 되면 이상하게 취급받을 것이다.

같은 예로, 눈이 두 개 있는 원숭이가 비행기를 타고 가다가 갑자기 불시착하게 되었다. 구사일생으로 살아난 원숭이가 정신을 차리고 근처 숲을 바라보니 원숭이들이 놀고 있었다. 그래서 반가운 마음에 뛰어가서 도와달라고 소리를 쳤다. 그러자 다른 원숭이들이 모두 놀라며 괴물이 나타났다고 야단법석을 떨었다. 이유는 그 숲에 사는 원숭이들은 모두 눈이 한 개만 있었기 때문에 눈이 두 개인 원숭이를 보고 놀란 것이다. 눈이 두 개인 원숭이는 비행기에서 내리기 전까지는 지극히 보편적인 신체구조로 정상으로 여겨졌지만, 자신의 실존은 변하지 않고 환경만 바뀌었을 뿐인데 괴물로 취급을 받게 된 것이다.

필자가 어렸을 때 가장 닮고 싶었던 인물은 육백만불의 사나이[1]였다. 어떻게 하면 저런 몸을 가질 수 있을까? 차가 없어도 빨리 갈 수 있고, 공부하지 않아도 좋은 눈을 사용해서 시험을 잘 치를 수 있고, 무거운 짐도 가볍게 들 수 있는 팔을 가진 육백만불의 사나이는 그 당시 필자를 비롯한 아이들에게는 영웅이었다. 그런데 사회복지학을 공부하고 장애인복지를 공부하면서 필자가 되고 싶었던 어린 시절의 영웅이 바로 장애인(?)이었다는 사실에 놀라고 말았다. 흔히 주위에서 마주치는 휠체어를 탄 사람과 목발을 사용하는 사람, 시각이 불편한 사람과 전혀 다를 것이 없는 존재였던 것이다.

그렇다면 왜 육백만불의 사나이는 자신의 신체가 아닌 보조기

1) 육백만불의 사나이(원제: Six Million Dollar Man)라는 외화시리즈는 70년대에 아주 히트를 쳤던 액션물로서, 주인공인 우주비행사 스티브 오스틴 대령은 비행사고를 당했으나, 육백만불이란 돈을 들여 초능력자(바이오닉 맨)로 회생하게 된다. 그는 차보다 빠르고 15미터 높이의 점프가 가능한 두 다리를 가졌고, 한쪽 눈은 20배율의 줌인 기능과 적외선 가시능력이 있고, 한쪽 팔은 불도저의 파워에 버금가는 엄청난 힘을 가지고 있다.

구를 사용하였는데도 사람들이 장애인이라 말하지 않은 것일까? 그 이유는 신체적인 구조에 있는 것이 아니라 보조기구의 사용이 일상생활에서 불편함을 존속시키는가와 관련된 것이다. 육백만불의 사나이는 값비싼 보조기구의 도움을 통하여 일상생활에서 불편함이 없어졌으며, 그렇지 못한 비슷한 경우의 사람들은 보조기구를 사용하지만 불편함이 지속적으로 존재하기 때문에 장애인이라 명명하는 것이다.

그러므로 장애는 개인의 신체적 결함이나 구조적 상태로 규정되는 것이 아니다. 장애는 인간이 만들어낸 기준에 의해서 생성되는 것으로 그 사회 구성원들의 인식과 불완전한 사회적 장치와 제도 등으로 인하여 불편한 상태가 지속되는 상황을 말하는 것이며, 그러한 상황에 지속적으로 노출된 사람을 장애인이라 해야 한다.

2. 세계보건기구의 장애 개념

현실적으로 각 국가마다 장애에 대한 다른 개념적 정의를 가지고 있지만, 보편적으로 세계보건기구의 개념이 비교 기준으로 많이 사용되고 있으므로 소개하면 다음과 같다.

1) ICIDH

장애 및 장애인의 정의는 그 나라의 사회적·문화적·경제적·정치적 여건 및 수준에 따라 변화하는데, 세계보건기구에서는 ICD (International Classification of Diseases)를 근간으로 하여 1980년에 장애를 이해하는 새로운 접근으로 국제장애분류(ICIDH: International Classification of Impairments Disabilities and Handicaps)를 발표하면서 장애를 손상(impairment), 기능제약(disability), 사회적 불리(handicap)의 세 가지 단계로 분류하였다. ICIDH는 장애를 국제질병분류(ICD)에 의해 의학적인 방법으로 설명하였던 것을 의학적 접근과 다르게 설명하고자 하는 1단계 노력의 결과라고 할 수 있다.

① Impairment(손상)

지체의 일부, 전부가 결손 되었거나 지체나 기관 혹은 신체 구조에 결함이 있는 상태. 생리학적, 심리학적, 해부학적으로 일시적 또는 영구적 손실이나 비정상적인 상태.

(예) 사지절단, 소아마비, 당뇨, 만성질환 등

② Disability(기능 제약)

능력의 제한(limitation of capacity) 손상으로 인하여 인간에게 정상적이라고 생각되는 방법이나 범위에 속하는 행동이 불가능하거나 제한되어 있는 상태. 기능상 능력(functional ability)의 손실(loss)이나 감퇴(reduction).

(예) 걷기, 글쓰기, 말하기 등

③ Handicap(사회적 불리)

사회기능에 실질적 손상이 있는 상태. 각자의 연령, 성, 사회, 문화적인 요인에 따른 일상역할의 수행을 제약하는 불이익 상태.

(예) 이동, 교육, 취업, 사회적 차별 등

'손상'은 심신의 구조적·기능적 손상 자체를 의미하며, '기능제약'은 손상에 의한 개인적 차원에서 일상생활의 활동에 나타나는 이차적 장애를 의미한다. 또 '사회적 불리'는 손상과 기능장애로 인한 사회적 차원에서 경험하는 불이익으로서 편견, 차별 등을 의미한다.

2) ICIDH-2

한편, WHO에서 1997년부터 장애의 새로운 개념과 분류 기준 등에 대하여 제시하고 있는 ICIDH-2는 기본적으로 환경과 개인이라는 상황적 요인을 포함한 장애 개념을 채택하고 있으며, 크게 손상(impairment), 활동(activities), 참여(participation)의 장애로 구분하고 있다. 또한 ICIDH에서는 건강 상태에 의해 손상, 기능 제약, 사회적 불리가 일직선상으로 발생하는 것으로 보았다면, ICIDH-2에서는 사회적 모델 개념을 강조하여 건강 상태에 따라 손상, 활동, 참여 각각에 영향을 끼치며, 이는 상황 요인에 따라 변화하는 것으로 보고 있다. ICIDH-2 장애 개념은 다음의 〈표 1-1〉을 통해서 알 수 있다.

〈표 1-1〉 ICIDH-2에 의한 장애 개념

구분	손상 (impairment)	활동 (activities)	참여 (participation)	상황 요인 (contextual factors)
기능의 수준	신체 (신체의 부분)	개인 (전체로서의 개인)	사회 (사회와의 관계)	환경적 요인 (기능상의 외부적 영향) 개인적 요인 (기능상의 내부적 영향)
특징	신체 기능 신체 구조	개인의 일상 활동	상황에서의 관련	신체적, 사회적, 태도적 세계의 형태
긍정적 측면	기능적, 구조적 통합	활동	참여	촉진자
부정적 측면	손상	활동 제한	참여 제한	장벽, 어려움

ICIDH-2는 건강 상태 자체가 아닌 그 결과를 측정하기 위해 고안된 것이다. 만성질환이나 후유증 같은 경우 질병 상태 자체보다는 그 결과 발생하는 각종 사회적 제약이 더욱 중요하고, 이 문제에 맞춘 관리가 필요하기 때문이다.

활동의 경우 일상의 과업에서 기대되는 개인의 통합된 활동으로서 단순한 행위의 차원을 넘어서 그 이상의 활동과 관련 있다. 예컨대, 보기·듣기·인지, 학습·지식 적용·과업 완수, 의사소통, 운동, 이동, 일상생활, 대인 간의 활동, 특정상황에 대한 반응과 처리, 보조적 도구·기술적 원조 등을 포함한다.

참여는 상황적 맥락에서 개인의 참여의 정도, 참여를 촉진하거나 방해하는 사회적 반응을 의미한다. 참여는 환경과 장애를 가진 사람 간의 복잡한 상호작용으로 규정될 수 있다. 여기에는 개인적 유지와 보호에의 참여, 이동성의 참여, 정보교환의 참여, 사회적 관계의 참여, 교육, 노동, 레저와 정신적 영역의 참여, 경제생활의 참여, 도시 및 지역생활의 참여 등이다.

따라서 ICIDH와 ICIDH-2 장애 개념을 간략하게 비교하면 〈표 1-2〉와 같이 제시할 수 있다.

〈표 1-2〉 ICIDH와 ICIDH-2 장애 개념 비교

개념	ICIDH(1980)	개념	ICIDH-2(1997)
손상 (impairment)	지체의 일부 혹은 전부가 결손 되었거나 지체나 기관 혹은 신체구조에 결함이 있는 상태	손상 (impairment)	신체구조나 기능상 상실이나 비정상성
기능 제약 (disability)	능력의 제한, 손상으로 인하여 정상적인 행동이 제한되어 있는 상태	활동 (activities)	일상생활과 관계된 개인의 활동 한계
사회적 불리 (handicap)	사회기능에 실질적인 손상이 있는 상태	참여 (participation)	손상, 활동, 건강조건, 상황 요인과 관련한 생활 상황에서 개인의 연관성 정도와 본질의 제한

3) ICF

WHO에서는 그동안 논의되어 오던 장애에 대한 개념 및 정의를 2001년에 ICF(International Classification of Functioning, Disability and Health)로 확정하였는데, 이 ICF는 1997년에 제안된 ICIDH-2를 근간으로 5년 동안 현장검증과 국제회의를 거쳐서 2001년 5월에 세계보건위원회(World Health Assembly)에서 ICF를 세계적으로 통용될 수 있도록 승인하였다.

ICF는 ICIDH-2에 제시되고 있는 대부분의 내용을 계승하면서, 분류체계와 언어사용을 보다 긍정적이며, 환경적인 측면을 강조하여 수정한 결과라고 할 수 있다. 또 국제질병분류 체계인 ICD-10과도 병행해서 상호보완적으로 사용하도록 만들어졌다. ICD-10이

질병의 진단에 초점을 두고 있다면, ICF는 기능(function)에 대한 풍부한 정보를 제공하도록 되어 있다. 그 내용을 보면 〈표 1-3〉과 같다.

〈표 1-3〉 ICF에 의한 장애 개념

<table>
<tr><th>구분</th><th colspan="2">영역 1 : 기능과 장애</th><th colspan="2">영역 2 : 상황적 요소들</th></tr>
<tr><td>구성요소들</td><td>신체기능 및 구조</td><td>활동과 참여</td><td>환경적 요소들</td><td>개별적 요소들</td></tr>
<tr><td>영역</td><td>신체기능
신체구조</td><td>생활 영역
(과업, 행동 등)</td><td>기능과 장애에
영향을 미치는
외적 영향력들</td><td>기능과 장애에
영향을 미치는
내적 영향력들</td></tr>
<tr><td>구성물</td><td>신체기능의 변화
(생리학)
신체구조의 변화
(해부학)</td><td>표준 환경에서의
과제 수행능력
현재 환경에서의
과제 수행능력</td><td>소아자폐 등
자폐성장애</td><td>개별특성에 의한
영향</td></tr>
<tr><td rowspan="2">긍정적
측면</td><td>기능적,
구조적 통합성</td><td>활동과 참여</td><td rowspan="2">촉진 요소들</td><td rowspan="2">해당 없음</td></tr>
<tr><td colspan="2">기능</td></tr>
<tr><td rowspan="2">부정적
측면</td><td>손상</td><td>활동 제한 및
참여 제한</td><td rowspan="2">장벽/방해물들</td><td rowspan="2">해당 없음</td></tr>
<tr><td colspan="2">장애</td></tr>
</table>

ICF는 과거의 분류와 달리 개인적인 장애나 질병과 상황적 맥락(환경적 요소와 개별적 요소)과의 상호작용에 의하여 기능과 장애를 설명하고자 하는 틀이다. 즉, 특정 영역에서의 개인들의 기능 수준은 건강 상태와 상황적 맥락의 상호작용의 결과라고 본다. 〈그림 1-2〉는 이러한 특징을 설명하고 있다.

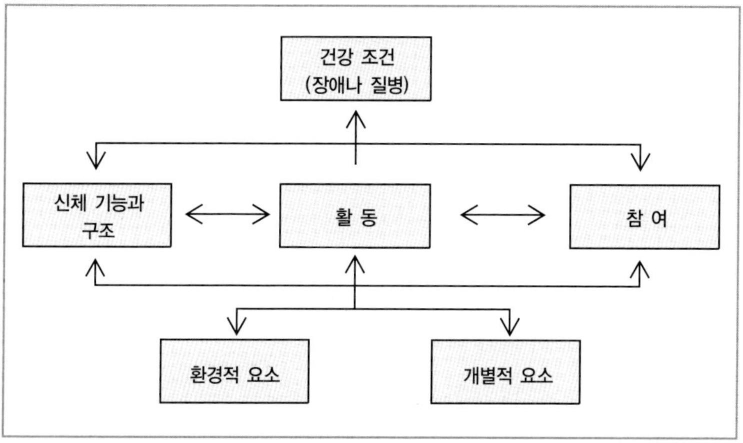

그림 1-2. ICF 구성요소들 간의 상호작용 관계

개인의 기능은 신체의 기능과 구조, 활동, 참여 등으로 표현된다. 이러한 여러 가지 차원의 기능들은 건강 조건과 상황적 맥락에 속하는 환경적 요소(사회의 인식, 건축물의 장애 요소 정도 등)와 개인적 요소(성, 연령, 인종, 습관, 대처양식 등)의 양 측면에서 영향을 받는다.

예를 들어, 호흡기 질환으로 인한 호흡기능 활동 제약의 정도, 이로 인한 사회적 참여 제한의 정도는 상호작용의 기능을 표현한다. 이러한 각 기능은 호흡기 질환의 정도라는 건강 조건과 대기의 청정 정도라는 환경적 요소, 당사자의 연령이나 문제에 대한 대처 양식이라는 개별적 요소들의 상호작용에 의해 규정된다는 것이다.

3. 시각장애의 정의

1) 장애인복지법의 장애 범주

우리나라 장애인복지법에서 인정되고 있는 장애의 범주는 지체, 시각, 청각, 언어, 지적장애의 5개 범주에서 2000년에 5개, 2003년에 5개가 확대되어 15개 범주로 구성되어 있다. 장애는 크게 신체와 정신적 범주로 구분하고, 신체적 범주는 다시 외부와 내부로 나눠져 있다.

우리나라의 장애범주가 다른 나라에 비해서 너무 협소하고, 장애정도가 심각한 경우만 인정되고 있어 향후 장애의 범주는 계속 확대될 것이다.

〈표 1-4〉 장애인복지법의 장애 범주

<table>
<tr><td rowspan="7">신체적</td><td rowspan="5">외부 신체 기능의 장애</td><td>지체장애</td><td>절단장애, 관절장애, 지체기능장애(소아마비, 척추손상), 변형 등의 장애</td></tr>
<tr><td>뇌병변장애</td><td>중추신경의 손상으로 인한 복합적인 장애(뇌성마비, 뇌졸중, 외상성 뇌손상 등 뇌의 기질적 병변)</td></tr>
<tr><td>시각장애</td><td>시력장애, 시야결손장애(약시/전맹) ⇒ 나쁜 눈의 시력 0.02 이하, 좋은 눈의 시력 0.2 이하</td></tr>
<tr><td>청각장애</td><td>청력장애, 평형기능장애 ⇒ 한 귀 80dB, 한 귀 40dB / 두 귀 60dB / 명료도 50% 이하</td></tr>
<tr><td>언어장애</td><td>언어장애, 음성장애</td></tr>
<tr><td rowspan="2">내부 기관의 장애</td><td>안면장애</td><td>안면부의 추상, 함몰, 비후 등 변형으로 인한 장애</td></tr>
<tr><td>신장장애</td><td>투석치료 중이거나 신장을 이식 받은 경우 (혈액투석, 복막투석)</td></tr>
</table>

		심장장애	일상생활이 현저히 제한되는 심장 기능 이상(호흡곤란)
		간장애	일상생활이 현저히 제한되는 만성·중증의 간 기능 이상
		호흡기장애	만성호흡기(폐, 기관지) 질환으로 발생되는 장애
		장루·요루 장애	결장루(상행, 횡행, 하행, 에스결장루), 회장(소장)루, 요루
		간질장애	간질발작으로 인해 발생되는 장애
정신적	지적장애		지능지수가 70 이하인 경우
	정신장애		정신분열병, 분열정동장애, 양극성정동장애, 반복성 우울장애
	자폐성장애		자폐증

2) 시각장애의 정의

시각장애에 대한 정의는 시대나 사회에 따라 다르다. 전문가 또는 전문 분야에 따라서도 다르며, 교육이나 복지처럼 제공되는 서비스의 종류에 따라서도 다르다. 정의는 크게 의학적 정의와 교육적 정의, 법적 정의로 분류된다.

의학적 정의

시각장애의 의학적 정의는 일반적으로 시력과 시야에 의해 결정된다. 시력(visual acuity)은 사람이 볼 수 있는 명료도를 의미하며, 시야(visual field)는 눈으로 정면의 한 점을 주시하고 있을 때 그 눈에 보이는 외계의 범위를 의미한다.

교육적 정의[2)]

교육적 정의는 시력을 활용하여 교육을 받을 수 있는 약시와 그렇지 않은 교육적 맹(盲)으로 구분한다. 교육적 맹(盲)은 점자나 촉각 및 청각 매체를 통해 교육해야 할 사람을 말하며, 기능시력을 강조한다. 약시(저시력)는 광학적 기구의 도움이나 또는 도움 없이 보유시력을 활용해 일반문자를 통해 교육 받을 수 있는 사람을 말한다.

법적 정의

장애인복지법 시행령을 기준으로 시각장애를 정의[3)]하자면, 시각장애인(視覺障碍人)은 시력감퇴나 시야가 좁아져서 보는 데 지장이 있는 상태를 말하고, 시력이 약해진 약시와 앞을 볼 수 없는 맹(盲)으로 구분한다. 장애인복지법 시행령에 의한 시각장애인의 기준은 다음과 같다.

(1) 나쁜 눈의 시력[4)](만국식 시력표에 따라 측정된 교정시력을 말한다. 이하 같다)이 0.02 이하인 사람

2) 〈장애인 등에 대한 특수교육법 시행령〉
- 시각장애 : 시각에 의한 학습 수행이 곤란하여 특정의 광학기구, 학습 매체 등을 이용하거나 촉각이나 청각을 학습의 주요 수단으로 사용하는 사람으로서 맹과 저시력이 이에 속한다.
- 맹 : 시각계의 손상이 심하여 시각 기능을 전혀 이용하지 못하는 상태
- 저시력 : 보조공학기기의 지원 등을 받아야만 시각적 과제를 수행할 수 있는 상태

3) 시력장애와 시야결손장애로 구분하여 판정한다.

4) 시력은 안경, 콘택트렌즈를 포함한 모든 종류의 시력 교정법을 이용하여 측정된 교정시력을 기준으로 한다.

(2) 좋은 눈의 시력이 0.2 이하인 사람

(3) 두 눈의 시야가 각각 주시점에서 10도 이하로 남은 사람

(4) 두 눈의 시야 2분의 1 이상을 잃은 사람

〈표 1-5〉 장애인복지법 시행규칙의 시각장애 등급

장애 등급	장애 정도
1급 1호	• 좋은 눈의 시력이 0.02 이하인 사람
2급 1호	• 좋은 눈의 시력이 0.04 이하인 사람
3급 1호	• 좋은 눈의 시력이 0.06 이하인 사람
3급 2호	• 두 눈의 시야가 각각 모든 방향에서 5도 이하로 남은 사람
4급 1호	• 좋은 눈의 시력이 0.1 이하인 사람
4급 2호	• 두 눈의 시야가 각각 모든 방향에서 10도 이하로 남은 사람
5급 1호	• 좋은 눈의 시력이 0.2 이하인 사람
5급 2호	• 두 눈의 시야각도의 합계가 정상시야의 5% 이상 감소한 사람
6급	• 나쁜 눈의 시력이 0.02 이하인 사람

CHAPTER 2

시각장애인 보조기구

시각장애인을 위한 보조기구는 다양하게 존재하지만, 여기서는 많이 활용되고 있는 것을 중심으로 간단하게 소개하고자 한다.

1. 화면 읽기 프로그램

맹학생은 컴퓨터 모니터 내용을 볼 수 없다. 모니터에 나타나는 정보를 음성으로 읽어 주는 프로그램(예: Sense Reader, 드림보이스, 소리눈)이 화면 읽기 프로그램이다. 컴퓨터의 키보드 입력이나 화면의 변화를 문자 정보로 변환한 다음 음성 합성장치나 TTS(Text to speech)를 통해 음성 형태로 출력하여 시각장애인이 컴퓨터로 문서작업, 인터넷, 응용 프로그램 등을 활용할 수 있게 해 준다.

출처: 실로암시각장애인복지관

그림 2-1. DreamVoice 6.0

화면 읽기 프로그램은 컴퓨터 운영 체제에 따라 도스용과 윈도우용으로 나뉜다. 도스용은 별도의 음성합성장치가 필요하며, 우리나라에서 처음으로 사용된 '말하는 글'은 미국에서 만든 음성합성장치인 신포닉스를 사용하였으며, '소리눈'과 'SRD(Screen Reader)' 등은 우리나라에서 만든 가라사대를 사용하였다. 윈도우용으로는 '소리눈 98', '소리눈 2000', '아이즈 2000', '이브(EVE: Etrek's

Vocal Eyes for Windows)', '드림보이스', '센스리더' 등이 있다.

2. 광학문자 인식 프로그램

광학문자 인식 프로그램은 사람이 쓰거나 기계에 의해 인쇄된 문자의 영상을 이미지 스캐너로 받아들여 컴퓨터 문서편집기에서 편집이 가능한 텍스트(text) 형태로 변환해 주는 프로그램이다. 인쇄물이나 이미지에 빛을 비춰 반사되는 광선의 양적 차이인 강약을 검출하여 문자를 인식, 판독하는 장치로써 이를 소프트웨어적으로 구현하는 것을 OCR(Optical Character Recognition System: OCR)이라 한다. 현재 알려진 제품으로는 '글눈', '아르미', 'Open Book' 등이 있다.

3. 음성 변환 출력기

음성 변환 출력기는 텍스트로 작성된 각종 도서나 문서를 음성으로 들을 수 있도록 개발된 기기다. 한 가지 제품으로 Kurzwell Reader(〈그림 2-2〉 참조)가 있는데, 이는 책이나 인쇄물을 음성으로 읽어 주는 것으로 말하는 속도나 음색을 조절할 수 있다. 단어의 철자

출처: www4.uwm,edu

그림 2-2. kurzweil reader

도 상세하게 알려 주며, 책을 복사할 때처럼 기계 위에 얹어 놓으면 스캐너가 움직이면서 책의 내용을 음성으로 알려준다.

우리나라에서 개발한 제품으로는 '보이스아이 메이트(Voiceeye Mate)'가 있다. 이것은 문자가 아닌 바코드를 읽어 내는 OMR (Optical Mark Reader)이다. 각종 도서나 상품 정보 등이 수록된 바코드의 정보를 음성으로 들려준다.

4. 옵타콘

옵타콘(Optacon)은 소형 촉지판에 있는 핀들이 문자 모양대로 돌출되어 맹학생들이 일반 활자를 읽을 수 있게 해 주는 장치다(〈그림 2-3〉 참조). 이것은 활자를 점자로 바꿔 주는 것이 아니라 카메라에 비친 글자 모양을 읽도록 해 주는 것이다.

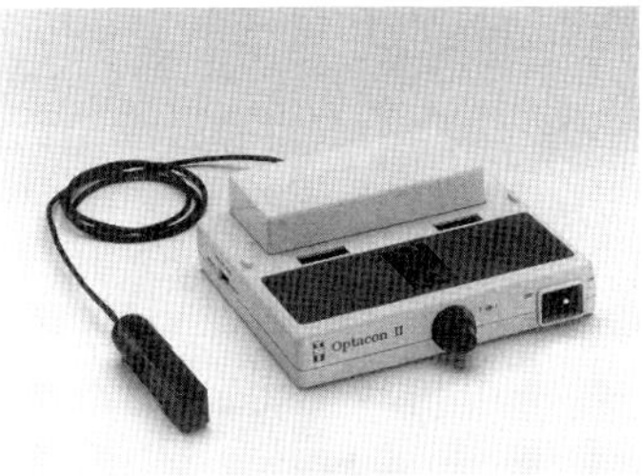

출처: www.wikipedia.org

그림 2-3. 옵타콘(Optacon)

5. 점역 프로그램

점역 프로그램은 워드프로세서로 작성한 컴퓨터 텍스트 파일을 점자 프린터로 출력하기 위해서 점역 파일로 변환하는 프로그램이다. 점역 프로그램의 종류는 크게 도스용과 윈도우용이 있다.

국내에서 개발 사용한 도스용 점역 프로그램에는 MBT(Multi Braille Translator), 밀알, 브라보(BRAVO: Braille and Voice Output), 새글, 브레일 베스트, 점한, 소리문 등이 있으며, 윈도우용 점역 프로그램은 브레일서울, 점사랑 등이 있다.

6. 점자 정보 단말기

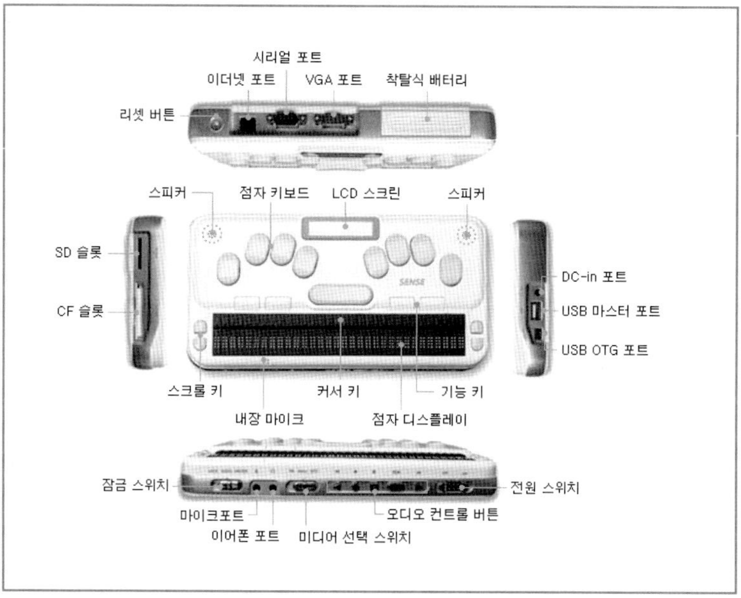

그림 2-4. 한소네 LX

점자 정보 단말기는 문서의 내용을 점자나 음성으로 출력할 수 있는 휴대용 전자기기다. 미국산은 Notex 486과 Braille Lite가 있으며, 국내산은 한소네 브레일과 LX가 있다. 시각장애인이 전자

점자와 음성을 통해 문서의 출력과 인터넷을 자유롭게 이용할 수 있게 해 준다. 문서 작성, 일정 관리, 이메일, 계산기, 파일 관리 등 컴퓨터가 제공하는 기능도 가능하다. 점자입력 키보드, 전자점자 출력 셀, 음성 출력을 위한 스피커 등을 갖추고 있다.

(주)힘스코리아의 '한소네 LX' 구조는 〈그림 2-4〉와 같다. 기본 기능으로 32셀 전자점자 디스플레이, 실시간 점자변환 및 역변환, 음성합성 출력(한글, 영어), LCD에 점자의 묵자 표시, 인터넷, 이메일, MSN 메신저 지원이 있다. 지원 소프트웨어 중 기본 소프트웨어로는 파일 관리자, 워드프로세서, 주소록 관리, 일정 관리, 이메일, 웹 브라우저, 블루투스 관리자, MSN 메신저, 각종 유틸리티[공학용 계산기, 시계, 스톱워치, 알람, 날짜(음력, 양력), 전원 관리, OS 버전 관리]가 있다. 콘텐츠로는 노래방, 이얍 전자교재, 전자영한사전 등이 있고, 데이지, MP3, 디지털녹음 등 다양한 멀티미디어 지원 기능도 있다(장동원, 2008).

점자 정보 단말기를 사용하기 위해서는 점자를 알고 있어야 하며, 점자를 처음 배우는 초보자에게는 물론 점자에 능숙한 사용자에게도 모두 유용하다고 한다. 일반적으로 어린 나이부터 점자 정보 단말기 사용을 지도해야 한다.

7. 점자도서, 녹음도서, 전자도서

점자도서와 녹음도서 중심으로 오던 도서 서비스가 멀티미디어를 기반으로 한 DAISY 및 각종 형태의 전자도서 서비스로 변화하고 있다.

토모텍 'DF-R'(왼쪽), 힘스코리아 '책마루'(오른쪽)

그림 2-5. 데이지 플레이어

일반글자로 된 도서의 내용을 점자로 만든 도서가 점자도서이고, 사람의 음성으로 녹음하여 만들어진 도서를 녹음도서라 한다. 녹음도서는 녹음테이프 자료형태와 함께 컴퓨터 및 음향 관련기기 등을 이용하여 오디오, CD 및 MP3의 형태로 제작한 자료를 모두 포함한다.

정보의 전자적인 접근이 가능한 형태의 도서를 전자도서라고 한다. 이 전자도서는 시각장애인을 위하여 아스키 텍스트 파일 형태나 특정한 워드프로세서의 문서 파일과 같이 음성이나 전자점자로의 변환이 용이하도록 제작해야 한다.

시각장애인을 위한 콘텐츠 활용 면에서 국제적으로 표준화된 DSISY(Digital accessible information system)가 지원되는 플레이어가 있다(〈그림 2-5〉 참조). 이 DAISY 방식은 아날로그 방식의 음성도서를 디지털 파일로 변환시킨 것이다. 전자도서를 재생하고 검색하는 방식으로 시각장애를 위한 콘텐츠 개발에 유용하다(장동원, 2008).

8. 점자프린터

점자 또는 그림을 종이 위에 양각으로 출력하는 장치다. 점자프린터의 종류는 크게 개인용과 인쇄용으로 구분되며, 개인용 점자 프린터에는 ET Braille, Everest, Braille Express 등이 있고, 출판용 프린터에는 Braillo 400, Braillo 200이 있다.

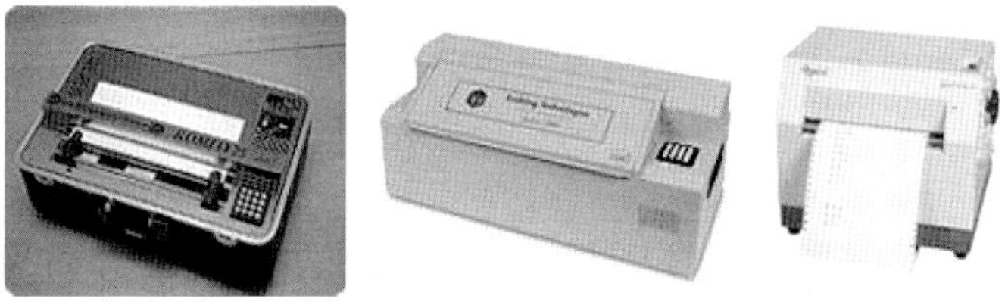

출처: www.braillekorea.org

그림 2-6. 중·저속 점자 프린터

9. 점자 쓰기 기구

그림 2-7. 퍼킨스 타자기

대표적인 기구는 점자타자기와 점자판이다. 점자타자기는 점자를 쓰기 위한 일종의 타자기다(〈그림 2-7〉 참조). 점자타자기는 6개의 점을 찍기 위한 글쇠 6개, 사이띄개, 줄바꾸개, 뒷걸음쇠, 종이 나르개, 여백조절개, 종이누르개로 구성되어 있다.

점자판은 점첩, 점판, 점간, 점필로 구성되어 있다. 점판에 종이를 끼우고 점첩으로 종이를 움직이지 않도록 고정시킨 후 점간을 종이 사이에 끼운 뒤에 점필로 점자를 직접 찍는 방식이다.

10. 기타 보조구

그림 2-8. 점자시계, 음성 계산기, 음성 체중계

맹학생을 위한 수학적인 보조구로는 주판(abacus)과 음성 전자계산기(talking calculator)를 사용할 수 있다. 주판은 알이 납작하여 손으로 건드려서 쉽게 움직이지 않도록 제작되어 있다. 음성 전자계산기는 만져서 알 수 있도록 표시되어 있으며, 버튼 위의 수나 계산한 값들이 음성으로 출력된다. 이 외에 점자 막대자, 줄자, 점자 타이머, 점자시계, 점자 나침반 등이 촉각을 활용하는 맹학생 보조구들로 사용된다(〈사진 2-8〉 참조).

시각 기능의 제한으로 인해 생기는 기본적인 의사소통기술, 즉 읽기와 쓰기의 어려움을 해결해 주기 위한 보조기기들이 있다. 또한 보행과 생활에서 사용할 수 있는 보조기구들도 있다.

광학 기구는 글씨나 사물을 확대하여 망막에 큰 상이 맺히도록 하는 기구로 근거리용으로는 확대경(손잡이용, 스탠드형, 집광 확대경)과 안경형 기구(프리즘안경, 현미경)가 있고, 중간거리용으로는 망원현미경(tele-microscope)이 있으며, 원거리용으로는 망원경(telescope)이 있다(이진학 외, 2008).

비광학 기구로는 조명을 밝게 하는 전등, 근거리에서 글 읽기를 보조해 주는 독서대, 경사진 책상, 독서 보조판(typoscope), 확대 교과서 등이 있다. 전자 장비로는 저시각인용 확대 독서기 등이 있

출처: 실로암시각장애인복지관

그림 2-9. 센스뷰 듀오

다. 이 외에도 컴퓨터에서 모니터의 내용을 확대시켜 볼 수 있는 화면 확대 프로그램이 있다.

CHAPTER 3

점자에 대한 이해

1. 점자란 무엇인가?
2. 점자의 역사
3. 한글 점자 변천
4. 송암 박두성
5. 점자판 활용 방법

1. 점자란 무엇인가?

점자는 시각장애인들이 지식과 기술을 습득할 수 있는 가장 중요한 도구로써 시각장애인들에게 문자 이상의 의미를 가진다. 일반적으로 생각하듯이 한글의 형태를 선이나 점선으로 나타낸 것이 아니라, 작고 둥근 6개의 점을 볼록하게 돌출되도록 만든 것이다.

점자는 6개의 점이 모여 한 칸이 된다. 이 6개의 점은 세로로 3점, 가로로 2점으로 구성되며, 각 점에 1에서 6까지의 번호를 붙여 사용한다. 이 6개의 점 중에 어떤 점을 돌출시키는지에 따라 64개의 각각 다른 점형이 생기며, 이 점형이 의미가 부여된 문자가 된다. 한글의 경우, 초성과 모음, 종성 각각에 점형이 다르게 약속되어 있다. 그러므로 각 나라마다 자신들의 문자를 표현하는데 사용되는 점자는 다르다.

점자는 손가락 끝의 촉각으로 읽도록 만들어졌기 때문에 고도의 집중력과 훈련이 요구되며, 점형의 구성에 따라 의미가 결정되는 문자체계로써 점자들을 연속적으로 읽은 후 그것들을 모두 통합하여 재인해야 한다. 따라서 점자 읽기에서는 묵자(墨字)[5] 읽기에서보다 더 높은 지적 능력이 요구된다.

더불어 한글 점자 외에 수학, 과학, 음악, 외국어 그리고 특수

5) 먹으로 쓴 글을 뜻하며, 한글과 영문자 등을 말함.

문장부호까지 구별해서 표기해야 하므로 이를 지각할 수 있기까지에는 많은 노력이 뒤따라야 한다. 모든 점자들은 촉각에 의한 공간 지각이 전제되기 때문에 묵독(默讀)[6]보다 느리다.

점자는 각 나라마다 사용하고 있는 점형의 크기와 가로 점과 점 사이의 간격, 세로 점과 점 사이의 간격, 점 칸과 점 칸의 간격, 점의 직경 등이 조금씩 다르다. 그러나 일반적으로 한 점의 직경은 1.5mm 정도이고, 높이는 0.4mm 정도이며, 4.2mm x 6.6mm의 공간에 세로 3점, 가로 2점인 총 6개로 구성된 양각의 점으로 글자를 형성한다.

점자는 점자판(점자기)의 점 칸에 송곳처럼 생긴 점필을 이용하여 오른쪽에서 왼쪽으로 써나가며, 읽을 때는 뒤집어서 왼쪽에서 오른쪽으로 읽어나간다.

일반 묵자는 사람마다 그 필체가 다르지만, 점자는 점의 위치를 찍어놓은 것이기 때문에 필체는 없으며, 이탤릭체, 고딕체 또는 굵은 글자, 큰 글자 등의 폰트가 따로 없다. 그래서 서체가 없으며, 밑줄도 칠 수 없다.

6) 글을 소리 내지 않고 속으로 읽음.

2. 점자의 역사

시각장애인들의 의사소통을 위한 문자 개발의 기원은 로마 시대로 거슬러 올라간다. 로마의 수사학자 쿠인틸리아누스(Marcus Fabius Quintilianus)에 의해 처음으로 개발된 시각장애인용 문자판은 타벨라(Tabella)라 불렸는데, 이는 나무, 상아 또는 금속판에 문자를 직접 써 넣는 방식으로 제작되었다. 이후 5세기 무렵 신학자이자 교사였던 시각장애인 디디무스(Didymus of Alexandria)는 목판에 알파벳 문자를 새겨 넣어 단어와 문장을 제작하는 방식을 고안했다. 그러나 이 방식은 활용도가 떨어져 시각장애인들의 불편함을 해소하지 못했다.

16세기 초에 이르러서는 스페인 사라고사 지역의 루카스(Franciscus Lucas 1501~1576)가 얇은 목판 위에 문자를 조각했는데, 이 목판 문자가 이탈리아로 전해졌다. 람파제토(Rampazetto)에 의해 개정된 이 목판문자는 1575년 이후 로마에서 학생교육에 사용되었다. 이 외에 독일의 하스도퍼(Harsdorffer, G.)가 파라핀을 바른 판 위에 글자를 새긴 후 손가락으로 만져 읽는 방법을 고안하여 널리 보급하기도 했다.

17세기 무렵 프랑스의 모로오(Pierre Moreau)는 자유롭게 이동할 수 있도록 활자를 납으로 만들었지만, 시각장애인들이 촉각으로 이용할 수 있는 방식임에도 불구하고, 납의 무게로 인한 제작의 어려움과 비용이 많이 드는 이유로 보편화되지 못했다. 또한 이와

유사한 방식으로 독일의 케에니스 베르히의 쇤베르거(Schnberger)는 납 대신 주석을 사용했다. 1784년 아우에(Valentin Haüy)는 파리에 맹학교를 설립하고 돌출문자 인쇄를 시작했으며, 1827년 에딘비리의 콜(James Cole)이 알파벳 문자를 개량하여 작성한 최초의 맹인용 도서가 있었지만 널리 활용되지는 않았다.

초기의 시각장애인용 문자들을 종합 정리해 보면 다음과 같다.

① 끈으로 맨 매듭

② 글자를 종이로 오려 실로 연결한 것

③ 목판에 조각한 글자

④ 금속활자

⑤ 파라핀 서판에 쓴 글자

⑥ 카드보드로 오려 만든 글자

⑦ 종이에 핀으로 찔러 쓴 글자

⑧ 종이에 양각된 선문자

이러한 초기의 표기 방식들은 비장애인의 입장에서 만들어진 경향이 농후하지만, 반면에 비합리적인 표기법임을 인지하였기 때문에 점자를 만드는 좋은 계기가 되었다고 볼 수 있다.

손으로 만져서 읽을 수 있는 점으로 된 최초의 문자는 1808년 프랑스 육군 포병 장교 바르비에(Charles Barbier)가 군대 암호용으로 밤에도 읽을 수 있는 야간문자(Ecriture Nocturne)를 개발했다. 이 야간문자는 세로 6개의 점이 2줄로 구성된 12점 암호 점자로써 1821년 프랑스의 파리맹학교에 전달되었다.

하지만 바르비에가 고안한 군대용 야간문자는 손끝으로 한꺼번에 읽기에 불편한 점이 있었다. 이를 보완하기 위해 당시 학생이었던 시각장애인 루이 브라이유(Louis Braille)[7]가 1823년 8월에 6점(종3, 횡2)식 점자 알파벳을 만들었으며, 1825년 액센트, 구두점, 약자 그리고 수학과 음악 기호의 쓰기에 맞추어 6점 점자를 완성하였다. 그 후 1829년에는 '점자 쓰기법'을 출판하였고, 1834년에 이를 다시 개편하여 지금의 시각장애인 문자인 6점 점자를 완성하였다.

이와 비슷한 시기에 영국, 독일, 미국 등지에서도 여러 점문자 타입이 연구되었으며, 미국에서는 윌리엄 벨 웨이트(William Bell Wait)가 1831년 뉴욕맹학교를 설립하고 뉴욕 포인트(4점식)를 만들지만, 전 세계적으로 현재 6점 점자가 활용되고 있다. 이러한 점자를 활용한 점자도서의 개발로 시각장애인의 정보 습득이 용이해졌다.

---

7) 루이 브라유(1809-1852)는 1809년 프랑스 파리 인근의 시골마을 쿠브레에서 태어났다. 브라유는 3살 때 마구 제작자였던 아버지의 작업실에서 송곳으로 왼쪽 눈을 찔렸으며, 오른쪽 눈도 감염돼 6살 때 시력을 완전히 잃었다. 파리왕립맹학교에 들어간 브라유는 12살 때 바르비에 장교가 군사용으로 고안한 12개의 점자를 접하고, 이를 바탕으로 6개 점자를 창안했다. 6점 체계는 손가락을 움직이지 않고 한 번에 모든 점의 위치를 읽을 수 있는 장점이 있다. 그러나 브라유는 직접 만든 점자가 채택되는 것을 보지 못하고 43세 때 결핵으로 숨을 거두었다. 그의 이름인 브라유(Braille)는 '점자'라는 뜻으로 불리고 있다.

3. 한글 점자 변천

우리나라에서는 1445년부터 맹인 교육을 해왔다. 그러나 맹인 교육에서 점자를 사용한 것은 1894년부터이다. 점자 도입은 미국인 선교사이자 의사인 로제타 셔우드 홀(Rossetta Sherwood Hall) 여사에 의해 이루어졌다. 그녀는 1894년에 오봉례라는 맹여아를 4점식 점자인 뉴욕 포인트로 교육하였고, 1898년에는 평양에 맹소녀를 위한 특별 학급을 개설하였으며, 뉴욕 점자형 한글 점자인 '조선훈맹점자'를 만들어 초등 독본, 기도문, 계명 등을 점역해서 사용하였다.

제생원 맹아부의 교사로 있던 박두성은 1878년 각국 맹교육자들이 파리에 모여 맹인 교육에 사용하기로 결의한 브라유의 6점형 점자로 고쳐 사용할 것을 홀 여사에게 제의였으나 거절당하였다. 이후 박두성은 1920년 브라유형 한글 점자 연구에 착수하여, 1921년 우리말 점자인 '3.2점 점자'를 만들었다. 이 점자의 자음은 3개의 점으로, 모음은 2개의 점으로 되어 있어 3.2점식 점자라고 하였으나 표기상의 불편이 많았다. 그래서 1923년 비밀리에 조선어 점자연구위원회를 조직하여 1926년 11월 4일 훈맹정음(訓盲正音)을 반포하게 되었다. 박두성에 의해 만들어진 한글 점자는 그의 제자들에 의하여 계속 연구되었고, 광복 이후 여러 차례 수정, 보완되었다.

그러나 이 점자에는 있어야 할 점자가 없고, 제자(製字)되어 있는 점자 중에서 잘못된 것과 사용되지 않는 것이 있었기 때문에, 필요한 점자를 제자하고, 제자가 잘못되었거나 사용되지 않는 것을 개자 또는 폐지하는 것이 필요하였다. 또한 점자의 통일안이 없어 기존의 표기법과 다르게 표기되는 상황이 종종 발생되어 혼란스러운 경우가 생겼다. 문교부는 점자의 정비 및 통일을 위하여 1982년 전문 연구진을 구성하고, 1983년 '한국 점자 통일안'을 제정하였다. '한국 점자 통일안'이 만들어진 10년 후 1993년 임안수 등이 미비점을 보완하여, 1994년 11월 4일 '개정 한국 점자 통일안'을 마련하였다.

문화체육부는 국가 공인의 표준 점자를 제정하기 위해 문화체육부 장관 자문기구로 '한국 표준점자 제정 자문위원회'를 1996년 발족시켰다. 22명의 자문위원과 연구실무팀으로 구성된 위원회에서 그동안의 점자에 대한 연구결과를 바탕으로 '한국 점자 규정'을 작성하고, 문화체육부는 이 안을 국어심의회의 심의를 거쳐 한국 점자 규정으로 확정하고, 1997년 12월 17일 고시하였다.

그러므로 한글 점자의 변천은 조선훈맹점자, 훈맹정음, 한국점자 통일안, 한국 점자 규정 등 4기로 나누어 볼 수 있다.

〈표 3-1〉 한국 점자의 변천사

1959년	문교부 편수국에서 '점자악보 기록법'을 번역, 출간
1963년	서울맹학교 이성대 교사에 의해 고문자 점자 발표
1967년	전국 맹학교 대표들에 의해 수학점자 기호 채택
1973년	'점자 이과 기호'라는 이름으로 과학점자기호 발표
1979년	대학 예비고사 문제 점역을 대비하여 수학점자기호 30개와 과학점자 기호 채택
1983년	'한국 점자 통일안' 마련
1994년	'개정 한국 점자 통일안' 마련
1996년	'한국 점자 규정' 완성
1997년	12월 17일 한국 점자 규정(문화체육부 고시)
2006년	한국 점자 규정 개정 발간(문화관광부 재 고시)

4. 송암 박두성

박두성은 한글 점자(點字)의 창안자로서 호는 송암(松庵)[8]이며, 본관은 무안(務安)이고, 경기도 강화에서 1888년 출생하였다. 1906년 한성사범학교를 졸업하고, 1913년 제생원 맹아부(濟生院盲啞部: 서울盲學校의 전신)에 교사로 취임하여 시각장애인교육에 전념하기 시작하였다.

당시 청각교육, 주입식 교육에 한정된 맹교육의 현실을 깨달은 박두성은 교육의 기본 자료인 점자 교과서의 필요성을 주장하고 1913년 8월 14일, 일본에서 점자 인쇄기를 들여와 비록 일어이기는 하나 한국 최초로 점자 교과서를 출판하였다.

일본어 점자책으로 학생들을 가르치던 그는 한글 점자의 필요성을 깨닫고 1920년 한글 점자 연구에 착수하였다. 1923년 제자인 이종덕, 전태환 등의 8명을 규합하여 '조선어 점자연구위원회'를 비밀리에 조직하고 끊임없는 연구를 통해 1926년 훈맹정음(訓盲正音)이라는 한글 점자를 창안, 반포하였다.

그 뒤 한글 점자로 조선어독본(朝鮮語讀本)을 출판하고, 1935년 5월 부면협의원(府面協議員) 선거에서 처음으로 한글 점자 투표를 가능하게 하였으며, 1935년 제생원을 정년퇴직하고 1936년 인천 영화학교 교장으로 취임하였다가 1939년 사임하였다.

---

8) '암자의 소나무처럼 절개를 굽히지 않는다.'란 의미로 남이 하지 않는 맹인교육에 평생을 바친 삶을 투영하고 있다.

1941년에는 점자로 된 신약성서(新約聖書)를 완성하였지만, 6.25 전쟁으로 신약 점자 아연판이 소실되자 다시 제작에 착수하여 1957년 성경전서의 점역(點譯)을 완성(전 24권)하였다.

그는 연구에 몰두한 나머지 실명 위기에 처하기도 했다. '맹인의 세종대왕'이라는 별명을 얻을 정도로 한결같이 맹인교육에 헌신했던 박두성은, 1963년 세상을 떠났다.

평생을 시각장애인들의 교육에 전념하여 특수교육에 획기적인 발전을 이룩한 박두성은, 우리나라 시각장애인들의 영원한 빛으로 남을 것이다. 박두성이 훈맹정음을 반포한 11월 4일은 '점자의 날'로 기려지고 있다.

5. 점자판 활용 방법

시각장애인들이 점자를 적을 때 사용하는 종이를 '점자지'라 하는데, 점자지는 특수종이가 아니라 보통 종이보다 조금 두꺼운 일반 종이다. 연필 대신에 점자를 찍는 도구를 '점필'이라고 하며, 점필은 쇠로 종이를 눌러 튀어나오게 하는 도구이다. 점필은 잉크를 쓰지 않기 때문에 잃어버리지만 않으면 평생 사용할 수 있다.

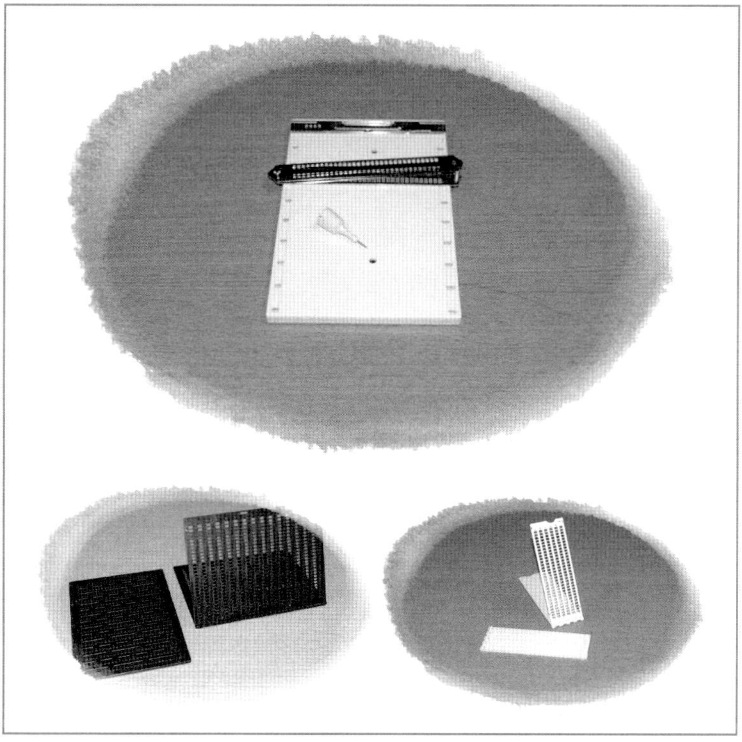

그림 3-1. 다양한 점자판

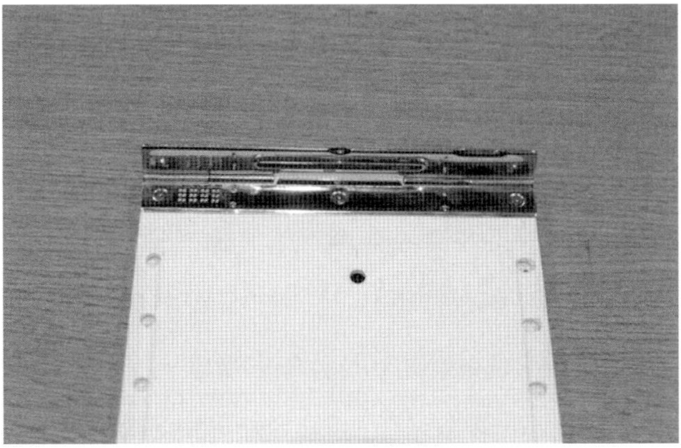

그림 3-2. 점자판 구성(점첩, 점판)

점자판에는 책받침처럼 종이를 받쳐서 쓰는 '점판'이라는 것이 있고, 위쪽에는 쇠로 되어 종이를 끼워 고정시킬 수 있는 '점첩'이 있다. 또 점자의 위치를 정확하게 잡아 주기 위한 '점관'이라는 것이 있다.

점자판을 사용하여 점을 찍을 때 종이를 눌러주지 않으면 종이가 밀려나오는데 그것을 막기 위해 점첩의 바로 밑부분까지 올려서 점첩으로 고정시켜 주고, 종이를 뺀 다음에는 종이를 다시 접어준다.

종이를 접어야 하는 이유는 점을 찍다 보면 종이가 튀어나와 부피가 늘어나는데 나중에 책을 만들기 위해 제본을 하게 되면, 종이의 한쪽은 빵빵해지고 제본하기 위해 누르는 부분은 쑥 들어가게 되어 책의 모양이 이상하게 된다. 종이를 접어주면 제본하는 부분도 종이가 두꺼워지기 때문에 나중에 풀칠을 하거나 제본을 하게 되어도 일정한 책의 모양을 낼 수 있다.

점첩에는 종이를 집기 위한 점이 양옆에 나와 있고, 뚜껑부분에도 점이 두 개 나와 있다. 침이 아래위로 있는 이 침들의 간격이 점 한 칸의 간격이다. 그래서 종이를 집어넣어 아래위로 서로 물게 되면 다시 쓰고 싶을 때, 처음의 자리에 잘 맞춰 끼워서 쓸 수 있게 된다.

점관은 점을 찍을 수 있는 구멍이 간격을 두고 두 줄이 있다. 한 줄이 어느 곳인지 알기 위하여 구멍 사이의 간격을 두게 되고, 한 줄 찍고 한 줄 비우고, 한 줄 찍고 한 줄 비우는 식으로 사용하며, 비운 줄은 뒤집어서 뒷면을 사용하게 된다.

뒷면을 사용할 때에는 종이를 뒤집은 다음에 점첩의 윗점을 밑에 걸어 준다. 그러면 종이가 원래 안으로 들어가 있던 것이 조금 내려오게 된다. 조금 내려와서 걸리면 한 칸만큼 내려오기 때문에 비워 놓은 줄에 찍을 수 있게 된다.

종이의 들어간 부분은 만질 수 없다. 들어간 점을 만지는 것이 아니고 튀어나온 점을 만지기 때문에 한 줄 찍고 한 줄 비우고, 한 줄 찍고 한 줄 비우면, 종이를 뒤집어 빈 줄 사이에 한 줄을 찍을 수 있게 된다.

점첩부분에 보면 쇠부분에 점을 찍는 곳이 있다. 이곳은 점의 페이지를 표시하는 부분으로, 점첩이 종이를 비스듬히 물고 있거나 제대로 못 물어주게 되면 앞면과 뒷면의 점을 찍을 때 겹치거나 밀리거나 해서 엉망이 된다.

종이를 접기 때문에 점판의 모서리 부분은 종이를 쉽게 접을 수 있도록 날카롭게 만든다.

점판에는 구멍과 고랑을 파놓았다. 점을 찍고 다음 줄에 점을 찍기 위해 구멍을 뚫어 놓은 것이다. 점관에도 보면 홈에 들어가는 막대가 두 개 있다.

점관을 보면 뚜껑을 열게 되어 있고, 6개의 점과 32개의 칸이 있다. 글자와 글자를 구분하기 위해서 6개의 점의 간격은 한 칸에서 점의 간격과 옆 칸과 점의 간격이 서로 다르다.

뒤집어서 보면 두 줄 중에 좀 더 움푹 파인 곳이 있다. 10번째, 20번째, 30번째를 움푹 파 놓았다. 작업을 잠시 중단하고 다시 시작할 때 그 부분을 표시할 수 있도록 판의 위치를 잡기 위해서 표시를 해 놓았다.

종이를 끼워서 덮어 버리면 바닥에 있던 점들이 보이지 않게 되므로 네모난 칸이 정확하게 사각형이 아니라 볼록볼록한 네모 칸으로 되어 있다.

점필은 머리부분과 허리부분, 점핀부분이 있다. 머리부분은 나라마다 머리모양이 다양하며, 네모모양으로 떨어뜨렸을 때 굴러가지 않게 하는 경우도 있다. 허리부분은 가늘고, 점핀부분은 보통 피아노에 사용되는 강철줄로 만들며, 점핀의 끝부분은 둥글게 만든다.

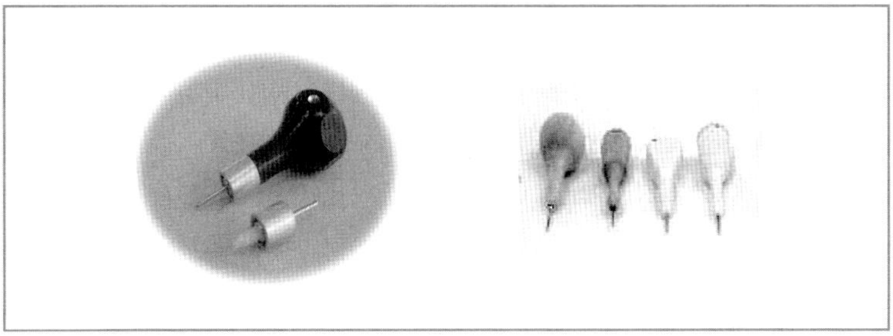

그림 3-3. 점필의 모양

점필을 쥘 때에는 엄지와 검지, 중지를 사용하며, 검지를 점필의 머리부분을 감싸고, 엄지와 중지는 점필의 허리부분을 감싸 쥔다.

점을 찍을 때에 구멍이 제대로 뚫어지지 않을까 염려하여 어깨나 팔의 힘으로 누르게 되면 종이가 찢어지거나 점자를 찍는 사람이 굉장히 힘들게 된다. 점을 찍을 때에는 손목 힘만을 사용한다.

점자판에 점을 찍기 위해서는 먼저, 점첩을 열고 접힌 종이가 안으로 들어가게 해서 핀에 정확히 걸어 뚜껑을 덮고, 점관을 열어 종이 사이에 끼워서 떠있지 않도록 집어넣은 후에 점필로 찍는다.

점을 읽을 때에는 묵자를 읽는 것과 같이 왼쪽에서 오른쪽으로 읽지만, 점을 찍을 때에는 오른쪽에서 왼쪽으로 찍는다. 그리고 종이를 뒤집으면 한 칸에서 6점들이 좌우 반대가 되기 때문에, 점자를 공부할 때는 위치로 기억하지 않고 보통 1점, 2점… 등의 숫자로 기억하는 것이 혼동을 줄일 수 있는 좋은 방법이다.

그림 3-4. 점자를 쓰는 모습

CHAPTER 4

기본 점자 익히기

1. 자음과 모음
2. 약자 및 약어
3. 문장부호 및 기타 점자

한글 점자 표기의 기본 원칙

- ✔ 한국 점자는 한 칸을 구성하는 점 여섯 개(가로 2점, 세로 3점)가 조합하여 64개의 점형으로 적는다.
- ✔ 한글 이외의 점자 표기는 세계 공통으로 사용하는 점자와 일치하게 함을 원칙으로 한다.
- ✔ 점자 표기는 풀어쓰기 방식을 택한다.
- ✔ 한국 점자는 책의 페이지를 줄이고, 정확하고 빠르며 간편하게 사용할 수 있도록 정한다(한국 점자 표기 종류: 한글 점자, 수학 점자, 음악 점자, 과학 점자, 컴퓨터 점자).
- ✔ 점자 기록 방식(단, 점자 키보드에서는 읽는 기준대로 씀)
- ✔ 쓰는 기준은 우측에서 좌측으로 쓴다.

〈쓰는 방식 기준〉

④	①
⑤	②
⑥	③

❋ 한국 점자는 한 칸을 구성하는 점 여섯 개(가로 2점, 세로 3점)가 조합하는 64개의 점형으로 이루어져 있으며, 쓰는 기준은 우측에서 좌측으로 쓴다.

예문1) 나비

○● ●○ ○●	●○ ●○ ○○	●● ○○ ○○
ㅣ	ㅂ	나

※ 점자를 읽을 때에는 점자를 기록한 용지의 뒷면을 읽기 때문에 쓰는 방식과는 반대인 왼쪽에서 오른쪽으로 읽어 나간다.

〈읽는 방식 기준〉

①	④
②	⑤
③	⑥

예문2) 나비

●● ○○ ○○	○○ ○● ○●	●○ ○● ●○
나	ㅂ	ㅣ

1. 자음과 모음

1) 자음

자음은 첫소리를 내는 초성과 받침소리를 내는 종성으로 나뉜다.

자음은 초성과 종성의 모양이 다르지만, 유사성을 띠고 있다. 종성의 모양은 초성의 좌우를 뒤집어 만들거나, 모양을 아래쪽으로 한 칸 내려서 만든다.

자음 점자는 두 줄 이하만을 사용한다. 초성 'ㅇ'은 점자에서 따로 쓰지 않으며, 별도의 기호가 있는 'ㅆ'을 뺀 겹받침은 해당하는 낱자를 순서대로 적는다.

자음	ㄱ	ㄴ	ㄷ	ㄹ	ㅁ	ㅂ	ㅅ	ㅇ
초성	○● ○○ ○○	●● ○○ ○○	○● ●○ ○○	○○ ○● ○○	●○ ○● ○○	○● ○● ○○	○○ ○○ ○●	사용 안함
번호	4	1,4	2,4	5	1,5	4,5	6	
종성	●○ ○○ ○○	○○ ●● ○○	○○ ○● ●○	○○ ●○ ○○	○○ ●○ ○●	●○ ●○ ○○	○○ ○○ ●○	○○ ●● ●●

자음	ㅈ	ㅊ	ㅋ	ㅌ	ㅍ	ㅎ	
초성	○● ○○ ○●	○○ ○● ○●	●● ●○ ○○	●○ ●● ○○	●● ○● ○○	○● ●● ○○	○○ ○○ ○●
번호	4,6	5,6	1,2,4	1,2,5	1,4,5	2,4,5	된소리표
종성	●○ ○○ ●○	○○ ●○ ●○	○○ ●● ●○	○○ ●○ ●●	○○ ●● ○●	○○ ○● ●●	

❃ 암기법

위의 초성을 보면 ㄱ, ㄴ, ㄷ은 4를 기준으로 전개되고 ㄹ, ㅁ, ㅂ은 5를 기준으로 전개 된다. 이처럼 기준이 되는 점 4, 5, 6, 1·2, 4·5 점을 기준으로 ㄱ·ㄴ·ㄷ과 ㄹ·ㅁ·ㅂ, ㅅ·ㅈ·ㅊ, ㅋ·ㅌ, ㅍ·ㅎ 순으로 묶어서 암기한다.

종성의 모양을 살펴보면 초성의 반대 열, 아래 열로 내려간 형태로 모양은 같다. ㄴ을 보면 ㄴ은 초성에서는 제일 위 칸에 위치하나 종성에서는 한 칸 아래로 내려온 형태다.

그리고 ㄹ을 살펴보면 초성에서는 5점이 있는데, 종성에서는 옆 칸 2점으로 옮겨간 대칭적인 형태이다. 종성은 초성의 모양을 암기하여 그 반대열, 아래 칸으로 한 칸 내려쓴다.

※ 초성 'ㅇ'은 생략한다. 예를 들어, '아' 자를 쓸 때 'ㅇ'과 '아'를 차례로 쓰지 않고 모음 'ㅏ'만 쓰면 된다. 단 종성 'ㅇ'은 사용한다.

예) 아기

아	ㄱ	ㅣ
●○ ●○ ○●	○● ○○ ○○	●○ ○● ●○

[초성 자음 익히기]

○● ●● ○● ○○ ●○ ○● ○○ ○● ○○ ●●
○○ ○○ ●○ ○● ○● ○● ○○ ○○ ○● ●○
○○ ○○ ○○ ○○ ○○ ○○ ○● ○● ○● ○○

●○ ●● ○● ○● ●● ●○ ●● ○○ ○● ○○
●● ○● ●● ●● ○● ●● ●○ ○● ○○ ○○
○○ ○○ ○○ ○○ ○○ ○○ ○○ ○● ○● ○●

○● ●○ ○○ ○● ●● ○● ○● ●○ ●● ○●
○● ○● ○● ●○ ○○ ○○ ●● ○● ○● ○○
○○ ○○ ○○ ○○ ○○ ○○ ○○ ○○ ○○ ○○

[종성 자음 익히기]

●○ ○○ ○○ ○○ ○○ ●○ ○○ ○○ ●○ ○○
○○ ●● ○● ●○ ●○ ●○ ○○ ●● ○○ ●○
○○ ○○ ●○ ○○ ○● ○○ ●○ ●● ●○ ●○

○○ ○○ ○○ ○○ ○○ ○○ ○○ ○○ ○○ ●○
●● ●○ ●● ○● ○● ●● ●○ ●● ●○ ○○
●○ ●● ○● ●● ●● ○● ●● ●○ ●○ ●○

○○ ○○ ●○ ○○ ○○ ○○ ○○ ●○ ●○ ○○
●● ○○ ●○ ●○ ●○ ○● ●● ○○ ●○ ○●
●● ●○ ○○ ○● ○○ ●○ ○○ ○○ ○○ ●○

2) 된소리 사용법

초성 된소리 단어를 쓸 때에는 된소리표 6점을 찍고 다음 칸에 초성을 적는다. 그리고 받침 된소리는 종성을 2번 적는다(단, 'ㅆ'은 약자를 사용한다. 초성은 약자 '사'를, 종성은 약자 'ㅆ'을 적는다).

예) 끝

ㄲ		ㅡ	ㅌ
○○ ○○ ○●	○● ○○ ○○	○● ●○ ○●	○○ ●○ ●●

예) 싸움(초성)

싸		우	ㅁ
○○ ○○ ○●	●○ ●○ ●○	●● ○○ ●○	○○ ●○ ○●

※ 받침을 쓸 때에는 풀어서 적는다. ㄲ, ㄳ, ㄵ, ㄶ, ㄺ, ㄼ, ㄽ, ㄾ, ㄿ, ㅀ, ㅄ은 종성을 조합하여 적 되, 'ㅅ'은 약자를 사용한다.

예) 했다(종성)

ㅎ	ㅐ	ㅆ	다
○● ●● ○○	●○ ●● ●○	○● ○○ ●○	○● ●○ ○○

예) 밖

바	ㄲ	
○● ○● ○○	●○ ○○ ○○	●○ ○○ ○○

예) 앉다

아	ㄴ	ㅈ	다
●○ ●○ ○●	○○ ●● ○○	●○ ○○ ●○	○● ●○ ○○

예) 읽다

이	ㄹ	ㄱ	다
●○ ○● ●○	○○ ●○ ○○	●○ ○○ ○○	○● ●○ ○○

[된소리 익히기]

○○○● ○○○○ ○●○○	○○○● ○○●○ ○●○○	○○○● ○○○● ○●○○	○○○○ ○○○○ ○●○●	○○○● ○○○○ ○●○●
○○○● ○○○○ ○●○●	○○○○ ○○○○ ○●○●	○○○● ○○○○ ○●○○	○○○● ○○●○ ○●○○	○○○● ○○○● ○●○○

3) 기본 모음과 이중모음

① 기본모음

모음	ㅏ	ㅑ	ㅓ	ㅕ	ㅗ	ㅛ	ㅜ	ㅠ	ㅡ	ㅣ
점자	●○ ●○ ○●	○● ○● ●○	○● ●○ ●○	●○ ○● ○●	●○ ○○ ●●	○● ○○ ●●	●● ○○ ●○	●● ○○ ○●	○● ●○ ○●	●○ ○● ●○

② 이중모음

이중모음	ㅚ	ㅘ	ㅝ	ㅢ	ㅖ	ㅐ	ㅔ
점자	●● ○● ●●	●○ ●○ ●●	●● ●○ ●○	○● ●● ○●	○● ○○ ●○	●○ ●● ●○	●● ○● ●○

이중모음	ㅒ		ㅙ		ㅞ		ㅟ	
점자	○● ○● ●○	●○ ●● ●○	●○ ●○ ●●	●○ ●● ●○	●● ●○ ●○	●○ ●● ●○	●● ○○ ●○	●○ ●● ●○

❃ 암기법

일람표에서 볼 수 있듯이 10개의 단모음이 두 개씩 사이좋게 짝을 이루고 있다. 「아」와 「야」, 「어」와 「여」, 「오」와 「요」, 「우」와 「유」, 「으」와 「이」 각 모음의 트여 있는 곳끼리 서로 마주 보고 있는 꼴이다.

모음을 잘 살펴보면, 모음 ㅏ와 ㅑ를 합치면 6점(옹)자가 된다. ㅓ, ㅕ도 마찬가지다. 모음을 암기할 때는 '아야, 어여, 으이'로 둘씩 묶어서 외우는데, 6점에서 '아'를 빼면 '야'가 되고 6점에서 '어'를 빼면 '여'가 되는 것처럼 '아, 어, 으'만 암기해도 '야, 여, 이'는 자연스럽게 외울 수 있다.

그리고 '오, 요, 우, 유'는 암기할 때 공통으로 가진 점을 기준으로 외운다. '오'는 3.6점을 기준으로 하여 1점에 놓이면 '오'가 되고, 4점에 놓이면 '요'가 된다. '우'도 마찬가지로 1.4점을 기준으로 하여 3점에 놓이면 '우'가되고, 6점에 놓이면 '유'가 된다.

즉, 「아」와 「야」자를 철봉에서 거꾸로 매달리듯 살짝 돌려놓아 보라. 「어」와 「여」자가 된다. 반대로 「어」와 「여」자를 돌려놓아 보라. 그러면 다시 「아」와 「야」자가 된다. 이와 같은 현상은 「오」와 「요」, 「우」와 「유」자 사이에서도 똑같이 일어남을 알 수 있을 것이다.

그렇다면 「으」와 「이」는 어떨까? 「으」와 「이」자는 돌려봤자 어차피 모양이 달라지지 않는다. 그리고 '위, 얘, 왜, 웨'는 '우, 야, 와, 워'에 'ㅐ'를 더해 적는데, '위'를 살펴보면 '우 + 애' 임을 알 수 있다. 'ㅜ' + 'ㅐ' = '위'가 된다.

'애, 왜, 웨'도 마찬가지로 풀어서 '애' 모양을 덧붙인 형태임을 감안하여 외운다.

[기본 모음 익히기]

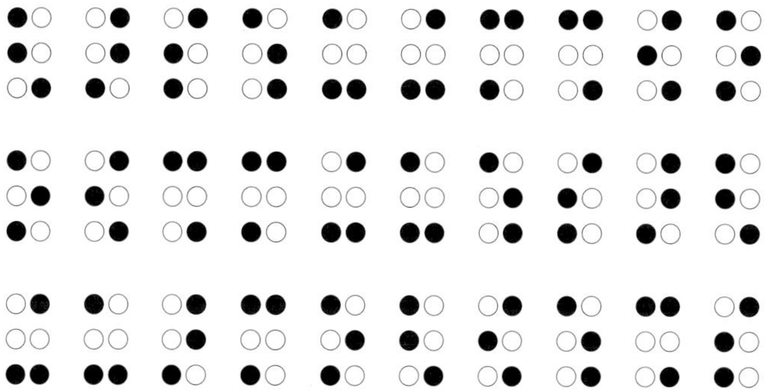

[이중모음 익히기]

●○	●●	○●	●○	●●	●●	○●	○●●○
●●	○●	○○	●○	○●	●○	●●	○●●●
●○	●○	●○	●●	●●	●○	○●	●○●○

●○●○	●●●○	●●●○	○●	●○	○●	○●
●○●●	●○●●	○○●●	○○	●●	○○	●●
●●●○	●○●○	●○●○	●○	●○	●○	○●

○●●○	○●	●●	●●●○	●●	●●	●○●○
○●●●	●●	○●	○○●●	●○	○●	●○●●
●○●○	○●	●○	●○●○	●○	●●	●●●○

4) 'ㅏ'생략법

① 항목을 표기할 때는 '가'는 약자를 쓰고, 'ㅏ'를 생략한다.

가	
○●	●○
○○	●○
○○	○●

(×)

가
●●
●○
○●

(○)

② 초성 'ㄹ, ㅊ'에는 'ㅏ'를 생략하지 않는다. 쉼표 ','도 5점이라 'ㄹ'과 혼동하지 않기 위해서이다.

예) 라, 차

나
●●
○○
○○

라	
○○	●○
○●	●○
○○	○●

차	
○○	●○
○●	●○
○●	○●

③ 한 단어에서 앞 글자가 모음이라 받침이 없는 상태에서 모음 글자가 있는 경우에는 'ㅏ'를 생략하지 않는다. 그렇지 않으면 '마을 → 믈'로 되기 때문이다.

예) 마을 → 믈

마	을
●○ ○● ○○	○● ●○ ●●

(×) 믈로 읽힘

마		을
●○ ○● ○○	●○ ●○ ○●	○● ●○ ●●

(○)

5) 붙임표 붙여 쓰기

① 한 단어 내에서 '우'와 뒤에 "애"가 올 때에는 그 사이에 붙임표를 붙여 적는다. 그렇지 않을 경우 '우' + '애' = '위'가 되기 때문이다.

예) 우애

우	붙임표	애
●● ○○ ●○	○○ ○○ ●●	●○ ●● ●○

예) 소화액

소		화		붙임표	액	
○○ ○○ ○●	●○ ○○ ●●	○● ●● ○○	●○ ●○ ●●	○○ ○○ ●●	●○ ●● ●○	●○ ○○ ○○

※ 소화액의 경우 또한 붙임표를 사용하지 않을 경우 '소화액'이 '소홱'으로 되기 때문이다.

② 모음 뒤에 '예'가 오면 그 사이에 붙임표를 붙여 적는다. 붙임표를 사용하지 않을 경우 'ㅖ'를 'ㅆ'으로 판단할 수 있기 때문이다.

예) 뭐예요

뭐		붙임표	예	요
●○ ○● ○○	●● ●○ ●○	○○ ○○ ●●	○● ○○ ●○	○● ○○ ●●

[모음과 자음으로 구성된 글자 익히기]

●○○●○●○●●○ ●○○●●○○○○● ○●○○●○○●●○ 아버지	○●●○○●●●●○ ●○○●●○○○○● ●○○○●○○○●○ 어머니	○○●○○●●○●○ ○●●○●○○●○○ ○○○●○○●○●● 라디오
○●○●●○●○ ○○●○○●○● ○○●○○○●○ 거미	●○○●●●●○○●●●●○ ●○○○○○○●●○○○○● ○●○●●○○○●○○○●○ 아주머니	●●○●●○●● ○○●○○●○○ ○○●○○○●○ 너무
○●○●○○●○ ○○●○○●○● ○○●○○○●○ 거리	○●○● ○●●○ ○○○○ 바다	●●○○●○ ○○○●●○ ○○○○○● 나라

●○○●●○●●●●●○
●●●○○●○○○○○●
○○●○○○●○○○●○

터무니

○●●○○●●○
○○○○○○○●
○○●●○○●○

고기

○●●○●○●○
○○○○○●○○
○○●●○○●●

고모

●●●○○●●●●○●○
○○○○○●○○○●○○
○○●●○○●○○○●●

노부모

○○●○●○○●○○●○
○●○○●●●○○●○●
○○●●○○●○○○●○

로터리

○○●○●●●○
○○○○○●○○
○●●●○○●●

소포

○○●○●○●○
○●●○○●●●
○○○●●○○○

라이타

○○○●●●●○○○○●
○○●○○●○○○●●○
○●○●○○●●○●○●

스포츠

○○○●●●
○○●○○●
○●○●○○

스파

○○●●○●○●
○○○○○○●○
○●●○○●●○

수저

○●○●○○●○●○○●○●
●○●○○●●○○●○●●○
○○○●○○○●●○○○●○

드라이버

○●●○○●●○●○
○●○●●○○●○○
○○●○○○●○●●

비디오

●○●○●○○○●○
○●○●○●○●●○
○○●○●○○○○●

미이라

○○●○○●●○●○
○●○●○●○●●○
○○●○○○●○○●

리비아

○●●○○●○●
○○○○○○○○
○●●●○○●●

조교

○●●○○●○●
●●○○○○○○
○○○○○○●●

학교

○○●○○●○●○○
○○○●●●●○●○
○●●○○○●○○●

시험

○●●○○○●○
○○○○○○○○
○○●●○●●●

고소

○●○●○○○●●●○○●○
○○●○○○○○○○○●○○
○○●○○●○○●○○○●●

거꾸로

○○○●●○○○●○
○○○○○○○●○●
○●○○●●○○●○

꼬리

○○○●●○●○
○○○○○○●○
○●○●●●○●

쪼아

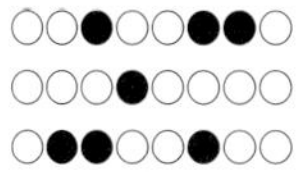
시작

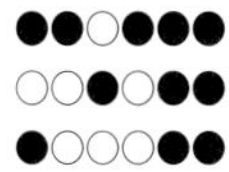
우동

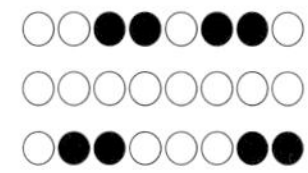
수고

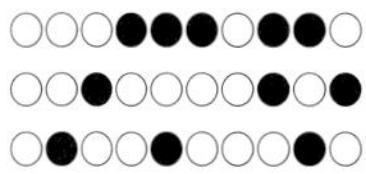
뚜비

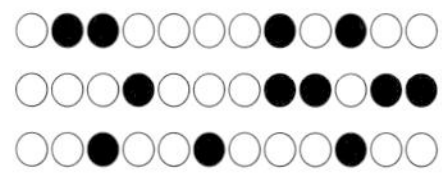
기쁜

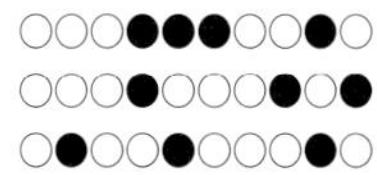
뿌리

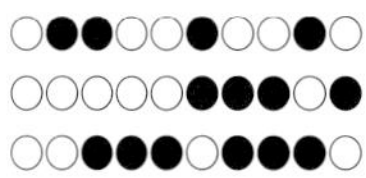
고양이

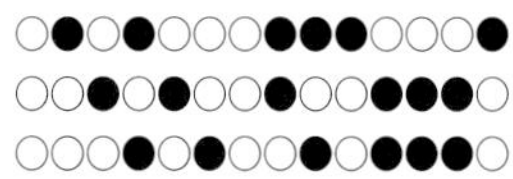
금붕어

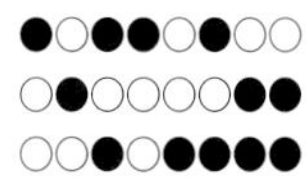
무용

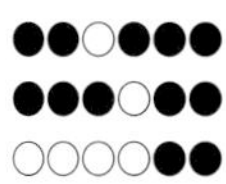
운동

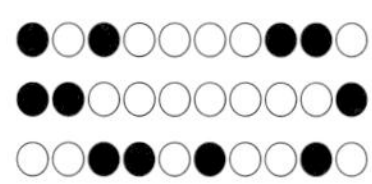
토끼

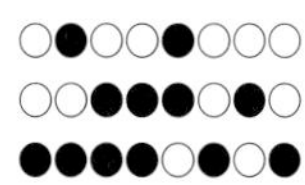
용암

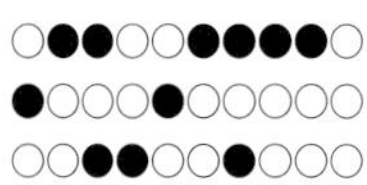
도둑

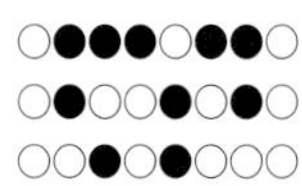
부업

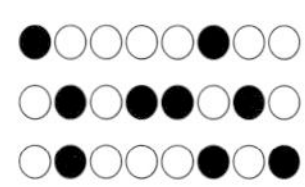
여름

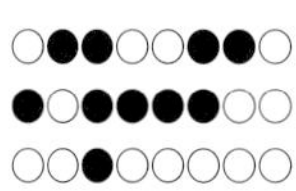
대학

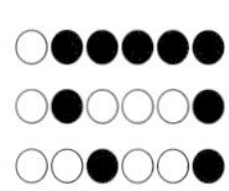
부엌

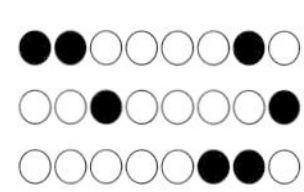
날씨

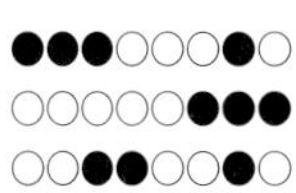
노래

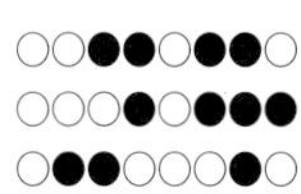
세배

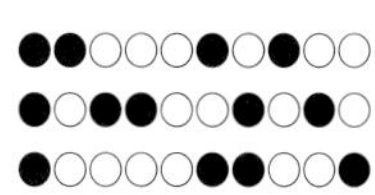
원점

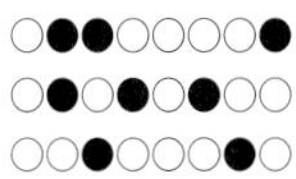
비례

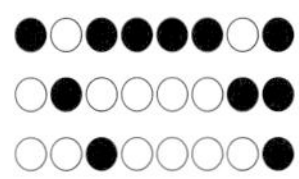
무늬

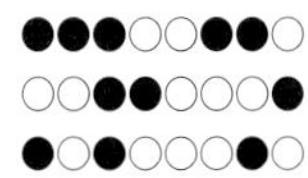
위기

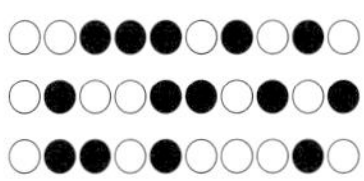
취미

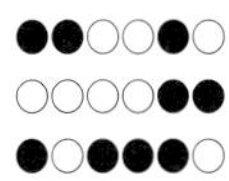
우애

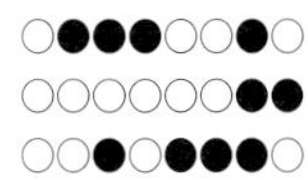
구애

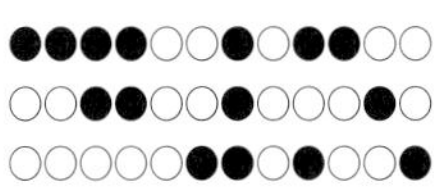
눈싸움

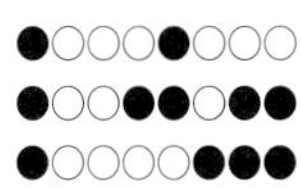
사랑

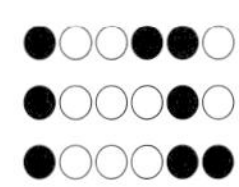
사과

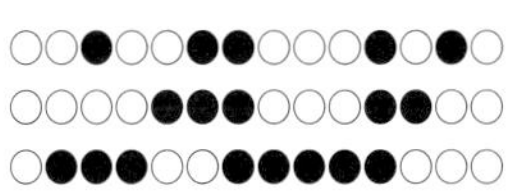
소화액

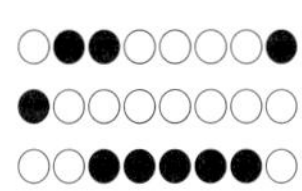
도예

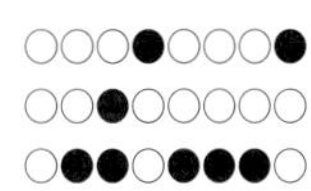
서예

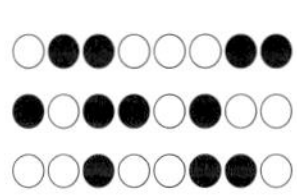
대추

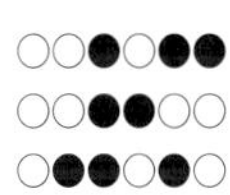
새우

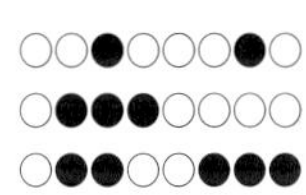
채소

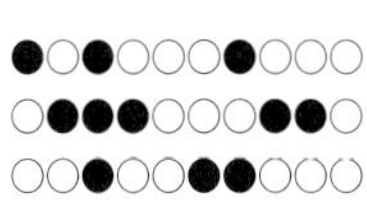
매실

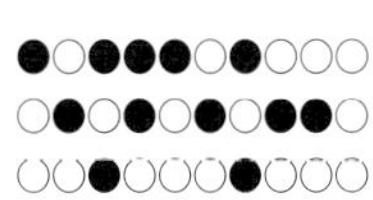
메밀

애인

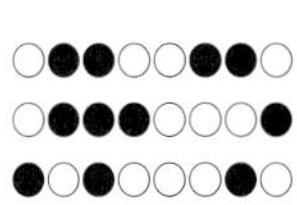
얘기

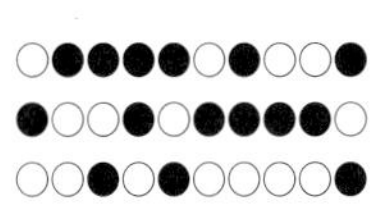
데이트

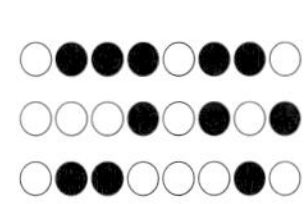
제비

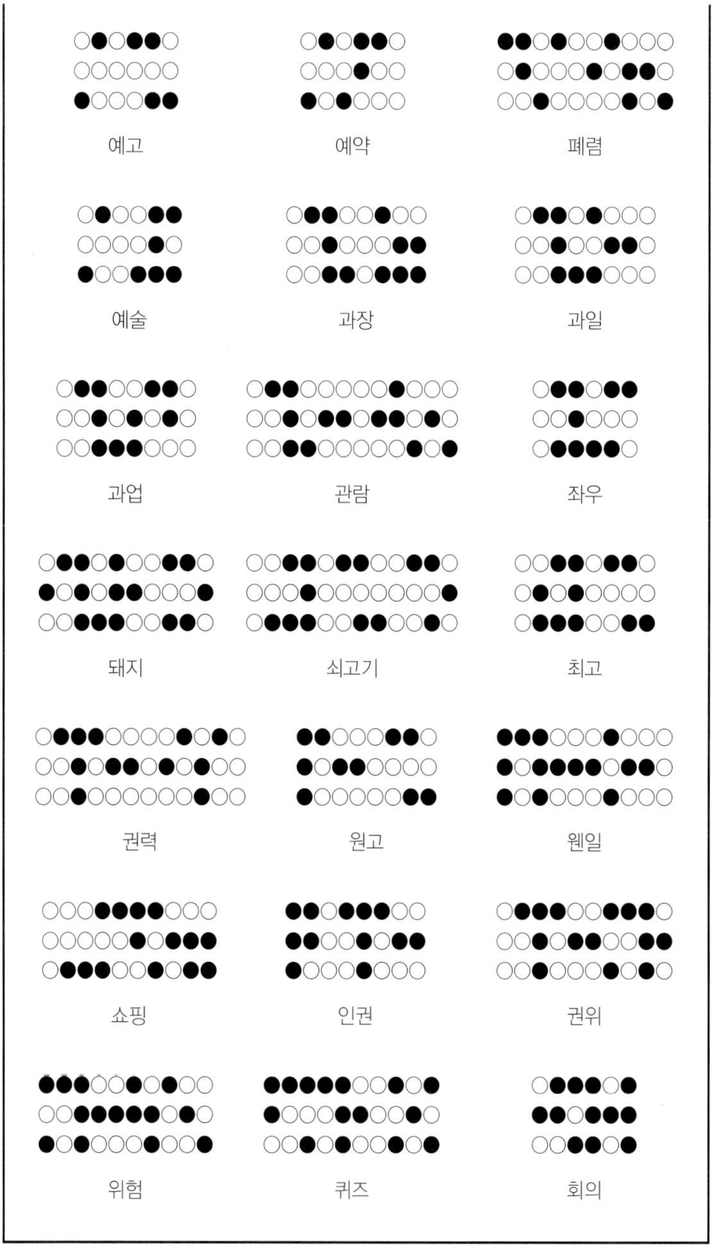
예고
예약
폐렴
예술
과장
과일
과업
관람
좌우
돼지
쇠고기
최고
권력
원고
웬일
쇼핑
인권
권위
위험
퀴즈
회의

2. 약자 및 약어

1) 약자

✻ 약자를 쓸 때에는 '가, 사'를 제외한 글자는 초성 그대로 적는다.

✻ 단, 한 단어 안에서 '나, 다, 마, 바, 자, 카, 타, 파, 하' 다음에 모음이 오면 'ㅏ'를 생략하지 않고 풀어서 적는다.

가	나	다	마	바	사	자
●● ●○ ○●	●● ○○ ○○	○● ●○ ○○	●○ ○● ○○	○● ○● ○○	●○ ●○ ●○	○● ○○ ○●

카	타	파	하	것		쓰
●● ●○ ○○	●○ ●● ○○	●● ○● ○○	○● ●● ○○	○● ○● ○●	○● ●○ ●○	○● ○○ ●○

옹	언	외	엉/영	온	울	인
●● ●● ●●	○● ●● ●●	●● ○● ●●	●● ●● ○●	●○ ●● ●●	●● ●○ ●●	●● ●● ●○

억	은	을	옥	운	열	얼	연
●● ○● ○●	●○ ○● ●●	○● ●○ ●●	●● ○○ ●●	●● ●● ○○	●○ ●● ○●	○● ●● ●○	●○ ○○ ○●

예) 나이

나		이
●● ○○ ○○	●○ ●○ ○●	●○ ○● ●○

바		위	
○● ○● ○○	●○ ●○ ○●	●● ○○ ●○	●○ ●● ●○

※ 라, 차를 제외한 약자의 뒤에 자음이 덧붙을 때에는 풀어 쓰지 않고, 약자 뒤에 자음을 그대로 붙인다.

한 단어의 약자에 다른 자음을 추가할 때에는 그 약자에 추가되는 자음을 덧붙여 적는다.

예)

까		치	
○○ ○○ ○●	●● ●○ ○●	○○ ○● ○●	●○ ○● ●○

한		껏		
○● ●● ○○	○○ ●● ○○	○○ ○○ ○●	○● ○● ○●	○● ●○ ●○

※ 접속사는 약자로 적는다.

❋ 약자 암기요령

① 옹, 언, 외, 영, 온, 울, 인

'옹'점에서 1번, 2번, 3번, 4번, 5번, 6번 점을 각각 빼면 '언, 외, 영, 온, 울, 인' 이라는 글자가 된다.

옹	언	외	엉/영	온	울	인
●● ●● ●●	○● ●● ●●	●● ○● ●●	●● ●● ○●	●○ ●● ●●	●● ●○ ●●	●● ●● ●○

② 'ㅅ, ㅆ, ㅈ, ㅉ, ㅊ'에 '영'을 붙이면 '성, 썽, 정, 쩡, 청'이 된다(약자 역할을 함).

성		
○○ ○○ ○●	○● ●○ ●○	○○ ●● ●●
(×)		

성	
○○ ○○ ○●	●● ●● ○●
(○)	

예) 정원

○●●●●●○○ ○○●●●○●● ○●○●●○○○

이때 '영'자 약자를 썼다고 해서 '정원'이라고 하면 틀린다. '성명'이라는 낱말을 표기해 보면, 초성 시옷에 '영'자 약자를, 초성 미음에 '영'자 약자를 붙여 만들기 때문이다.

예) 성명

○○●●●○●●
○○●●○●●●
○●○●○○○●

이것을 '셩명' 또는 '성멍'이라고 읽으면 틀린다.

※ 주의할 점

- 글자를 잘못 썼을 때는 그 단어를 모두 옹(6점)자로 만들고 한 단을 비운 뒤, 그 다음 칸에 단어를 적는다.
- 단어를 채울 칸이 모자랄 때에는 그 다음 줄에 단어를 적는다.
- 'ㄱ'만을 단독으로 기입할 때에는 옹(6점)자를 찍고 다음 칸에 'ㄱ'자를 찍는다.
- 붙임표는 한 단어 내에서 모음 뒤에 모음이 오거나, 자음 뒤에 모음이 올 때 글자가 이상하게 읽히는 것을 방지하기 위해 그 사이에 3.6점을 찍어 준다.

[약자 기본 자리 익히기]

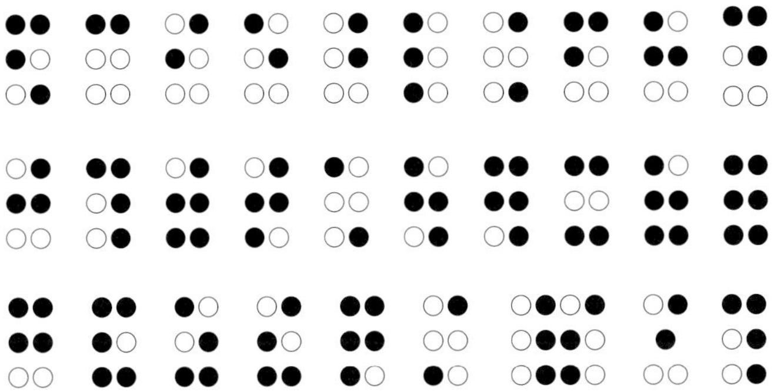

[약자 익히기]

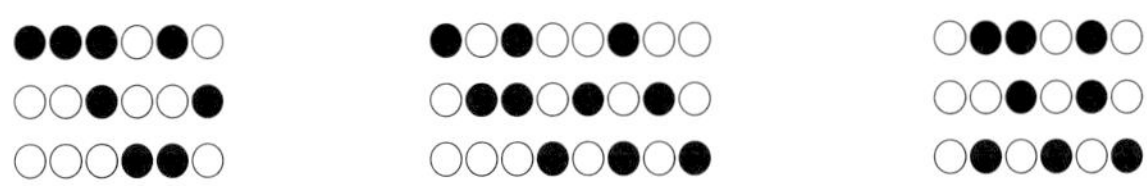

나이 마음 자아

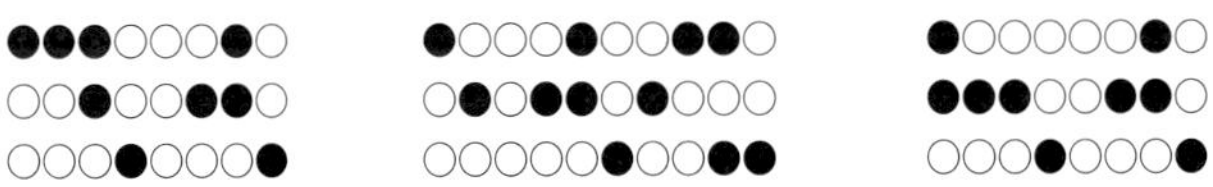

나라 마라도 탐라

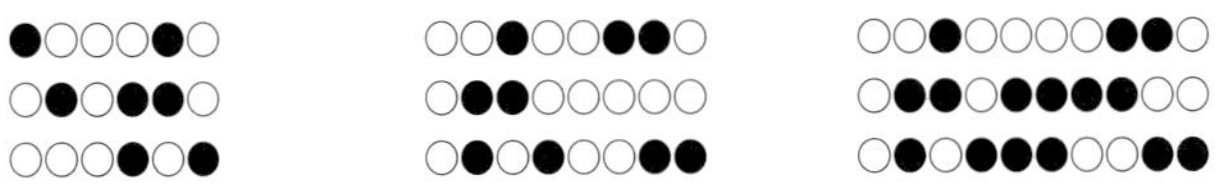

마차 차고 창호

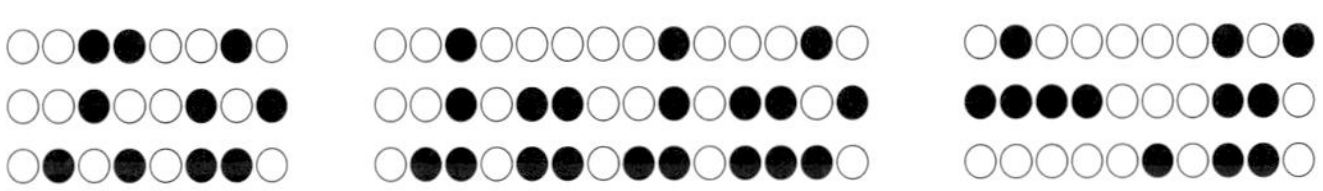

까치 쌍쌍이 한껏

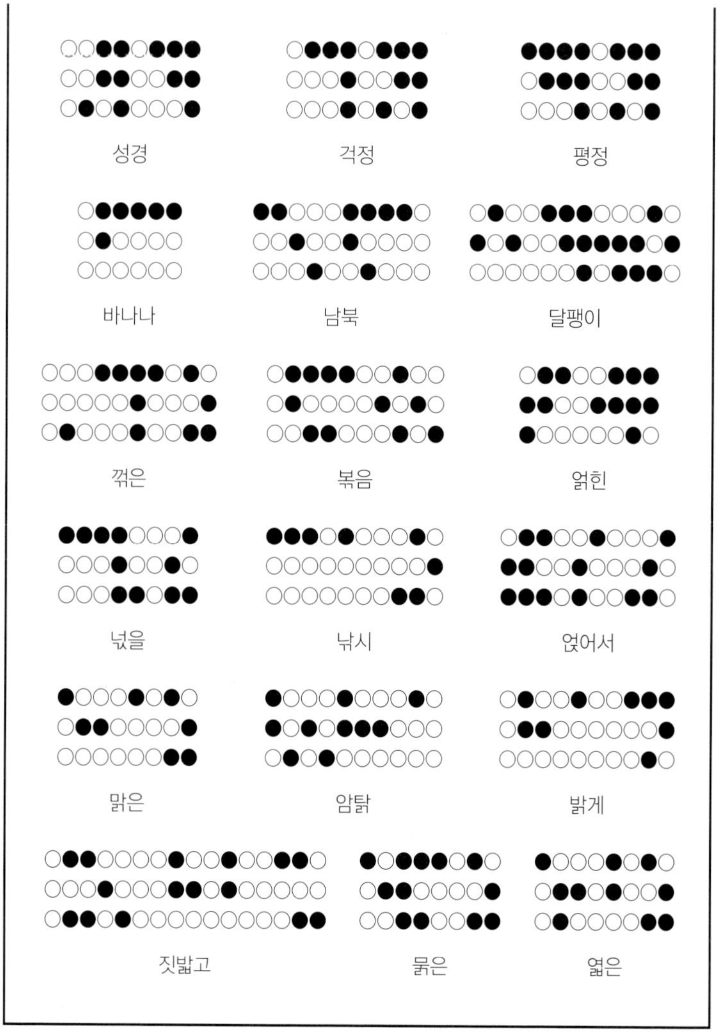
성경
걱정
평정
바나나
남북
달팽이
꺾은
볶음
얽힌
넋을
낚시
없어서
맑은
암탉
밝게
짓밟고
묽은
엷은

2) 약어

약어	그래서		그러나		그러면		그러므로	
점자	●○ ○○ ○○	○● ●○ ●○	●○ ○○ ○○	●● ○○ ○○	●○ ○○ ○○	○○ ●● ○○	●○ ○○ ○○	○○ ●○ ○●

약어	그런데		그리고		그리하여	
점자	●○ ○○ ○○	●● ○● ●○	●○ ○○ ○○	●○ ○○ ●●	●○ ○○ ○○	●○ ○● ○●

① 자주 쓰이는 글자나 단어에는 별도의 기호가 배당되어 있다. 특히 약어의 경우 첫 글자와 마지막 글자에서 한 낱자씩 따온 것이다. 약자는 모호하지 않다면 앞뒤에 다른 낱자를 붙여서 쓸 수 있으나 (까 = ㄱ + 가, 말 = 마 + ㄹ 등) 약어는 접속사에 포함될 때만 쓸 수 있다.

예)

●○●●○●●○ ○○○●●○○○ ○○●○○○●●	●○●○●●●○ ○○○○○○○● ○○●●○○●●
그런데도	그리고는

② 위에 제시된 말들의 앞에 다른 음절이 붙어 쓰일 때에는 약어로 쓰지 않는다.

[약어 익히기]

○●○●○●●○○○○●○○○●●○
○○●○●○●●○●●○○○○○○○
○○○●○○●○○○●●○○○○●●

[그대를 그리고]

●○○○○○○●
○○●●○○●○
○○○○○●●○

[그러면서]

○●○●●●○●○○○○○●●○○○○●○●○○●○○●●○
●●○○●○●○○○○○○○○●●●○○●○○●○●○○○○
●○○○●●●●○○○●○●●○●●○○○●○○●○○○●●

[얼굴을 찡그리고]

3. 문장부호 및 기타 점자

1) 문장부호

“	”	‘		’		;	
○○ ●○ ●●	○○ ○● ●●	○○ ○○ ○●	○○ ●○ ●●	○○ ○● ●●	○○ ○○ ●○	○○ ○● ○●	○○ ●○ ●○
말줄임표(…)				※		~	
○○ ○○ ○○	○○ ●○ ○○	○○ ●○ ○○	○○ ●○ ○○	○○ ○● ●○	○○ ○● ●○	○○ ○○ ●●	○○ ○○ ●●
(	)	:		?	!	·	
○○ ○○ ●●	○○ ○○ ●●	○○ ○● ○○	○○ ●○ ○○	○○ ●○ ●●	○○ ●● ●○	○○ ○● ○○	○○ ●○ ●○
.	,	밑줄					–
○○ ●● ○●	○○ ○● ○○	○○ ○○ ○●	○○ ○○ ●●	내용	○○ ○○ ●●	○○ ○○ ●○	○○ ○○ ●●
/		별표(*)		빠짐표( )			
○● ○● ○●	○● ○○ ●○	○○ ○● ●○	○○ ○● ●○	○● ○● ○●	○○ ●● ●●	○○ ●● ●●	●○ ●○ ●○
{		}		[		]	
○○ ●○ ●●	○○ ●○ ●○	○○ ○● ○●	○○ ○● ●●	○○ ●○ ●●	○○ ○○ ●○	○○ ○○ ○●	○○ ○● ●●
줄표 (–)					줄임표(...)		
○○ ○● ○●	○○ ○○ ●●	내용	○○ ○○ ●●	○○ ●○ ●○	○○ ○● ○○	○○ ○● ○○	○○ ○● ○○

숨김표(X X)				숨김표(O O)				긴소리표(:)		(′)
○● ○● ○●	●● ○○ ●●	●● ○○ ●●	●○ ●○ ●○	○● ○● ○●	○○ ○● ●●	○○ ○● ●●	●○ ●○ ●○	○○ ○○ ○●	○○ ○○ ●○	○○ ○○ ●○

2) 특수부호

특수부호	된소리표	수표	말소표	영어표
점자	○○ ○○ ○●	○● ○● ●●	●● ●● ●●	○○ ○● ●●

❋ 문장부호를 사용할 때에는 위의 점자 일람표에서 시작점을 찍고 단어를 찍은 다음 끝점으로 마무리한다(시작점과 끝점은 다르다).

❋ 시와 분, 장과 절을 구분할 때나 둘 이상을 대비할 때에는 붙여서 쓴다.

3) 숫자 / 연산

수표	1	2	3	4	5	6	7
○● ○● ●●	●○ ○○ ○○	●○ ●○ ○○	●● ○○ ○○	●● ○● ○○	●○ ○● ○○	●● ●○ ○○	●● ●● ○○

8	9	0	.	,
●○ ●● ○○	○● ●○ ○○	○● ●● ○○	○○ ○○ ●○	○○ ●○ ○○

+	−	×	÷		=	
○○ ●○ ○●	○○ ○● ●○	●○ ○○ ○●	○● ○○ ●○	○● ○○ ●○	○○ ●● ○○	○○ ●● ○○

※ 숫자

- 숫자를 사용할 때에는 숫자 앞에 수표를 쓴다.
- 숫자 다음에 한글이 오면 그 사이에 붙임표를 쓰지 않고 한 칸을 띄운다(숫자와 한글의 점자 형태가 닮아 있으므로 구분하기 위해서이다).

'수'표 ○●
○●
●● 이 나오면 그 뒤의 점자는 숫자로 이해하게 된다.

예) 1	예) 23
○●●○ ○●○○ ●●○○	○●●○●● ○●●○○○ ●●○○○○

하지만 이 같은 숫자 다음에 '년'이나 '호', '대' 등 초성자음 '니은', '디귿', '미음', '키읔', '티읕', '피읖', '히읗'으로 시작하

는 글자가 이어지게 되면 점자 표기에선 반드시 띄어쓰기를 해야 한다. 만일 띄어 쓰지 않으면 해당 초성자음을 숫자로 잘못 이해할 수 있기 때문이다.

예) 2등	예) 5칸
○●●○○○○●○●○○ ○●●○○○●○●○●● ●●○○○○○○○●●●	○●●○○○●●○○ ○●○●○○●○●● ●●○○○○○○○○

'2011'과 '년'을 역시 띄어 쓰지 않고 2011년을 표기해 보자.

○●●○○●●○●○●●●○ ○●●○●●○○○○○○○○ ●●○○○○○○○○○○○●

띄어 쓰지 않으면 '2011년'이 아닌 '20113연'으로 잘못 읽게 되는 것을 알 수 있다.

- 숫자와 글자가 혼동을 일으키지 않을 때 붙여 쓴다.

예) 4천	예) 5연
○●●●○○○● ○●○●○●●● ●●○○○●●●	○●●○●○ ○●○●○○ ●●○○○●

- 숫자에 붙임표(-)가 이어질 때에는 숫자 앞에 수표를 한 번만 쓴다.

- 다만, 숫자가 물결표로 이어질 때에는 물결표 다음에 수표를 다시 적는다.

예) 751-3333~4
○●●●●○●○○○●●●●●●●●○○○○○●●● ○●●●○●○○○○○○○○○○○○○○○○○●○● ●●○○○○○○●●○○○○○○○○●●●●●●○○

- '가, 나, 다, 라, 마, 바, 사' 등을 표시문자로 쓸 때, '가'와 '사'는 약자로 적고 나머지는 정자로 적는다.

- 번호 표기방식

예) Ⅰ.				예) 1(네모)			
○○ ○● ●●	○○ ○○ ○●	○● ●○ ○○	○○ ●● ○●	○○ ●○ ●●	○● ○● ●●	●○ ○○ ○○	○○ ○● ●●

예) ①				예) (1)			
○○ ●● ●●	○● ○● ●●	●○ ○○ ○○	○○ ●● ●●	○○ ○○ ●●	○● ○● ●●	●○ ○○ ○○	○○ ○○ ●●

예) 1.			예) 1)			예) ㉮		
○● ○● ●●	●○ ○○ ○○	○○ ●● ○●	○● ○● ●●	●○ ○○ ○○	○○ ○○ ●●	○○ ●● ●●	●● ●○ ○●	○○ ●● ●●

- 다만, 'ㅇ'로 나타내는 번호의 숫자는 한 단 내려 쓸 수 있다. 이때에는 그 앞, 뒤에 쓰이는 2-3-5-6점, 2-3-5-6점을 쓰

지 않는다.

예) ①		예) ②		예) ③		예) ④	
○● ○● ●●	○○ ●○ ○○	○● ○● ●●	○○ ●○ ●○	○● ○● ●●	○○ ●● ○○	○● ○● ●●	○○ ●● ○●

• 수의 자릿점을 찍을 때는 5점 대신 2점을 쓴다.

예) 12,345
○●●○●○○○●●●●●○ ○●○○●○●○○○○●○● ●●○○○○○○○○○○○○

• 특정한 의미를 가지는 날을 나타내는 숫자에는 가운뎃점 대신 각 숫자 앞에 수표를 쓴다.

예) 3·1 운동
○●●●○●●○○○●●○●●● ○●○○○●○○○○●●●○●● ●●○○●●○○○○○○○○●●

예) 8·15 광복
○●●○○●●○●○○○○●●○○○○●●● ○●●●○●○○○●○○○○●○●●○●○○ ●●○○●●○○○○○○○○●●●●○○●●

• 시와 분, 장과 절 따위를 구별할 때나, 둘 이상을 대비할 때에는 한 칸을 띄지 않는다.

• 국번이나 기간, 시간을 적을 때에는 그 숫자의 칸에서 한

칸 내려쓴다.

• 소수점을 찍을 때에는 숫자 사이에 3점을 찍는다.

4) 영어

알파벳	a	b	c	d	e	f	g
점자	●○ ○○ ○○	●○ ●○ ○○	●● ○○ ○○	●● ○● ○○	●○ ○● ○○	●● ●○ ○○	●● ●● ○○
알파벳	h	i	j	k	l	m	n
점자	●○ ●● ○○	○● ●○ ○○	○● ●● ○○	●○ ○○ ●○	●○ ●○ ●○	●● ○○ ●○	●● ○● ●○

알파벳	o	p	q	r	s	t	u
점자	●○ ○● ●○	●● ●○ ●○	●● ●● ●○	●○ ●● ●○	○● ●○ ●○	○● ●● ●○	●○ ○○ ●●
알파벳	v	w	x	y	z	영어표	대문자
점자	●○ ●○ ●●	○● ●● ○●	●● ○○ ●●	●● ○● ●●	●○ ○● ●●	○○ ○● ●●	○○ ○○ ○●

❋ 영어를 쓸 때에는 영어표 시작점과 끝점 사이에 영어 단어를 적는다.

○○ ○● ●●	○○ ●● ○●
영어표 시작점	영어표 끝점

* 대문자는 대문자 기호 6점을 해당하는 글자 앞에 적는다. 또한 단어 전체가 대문자일 경우에는 이중대문자 기호 6점, 6점을 단어 앞에 적는다. 문장 전체가 대문자로 되어 있을 경우에는 한 자로 된 단어는 단어 앞에 대문자 기호만 적고 두 자 이상일 때는 이중대문자 기호를 적는다.

예) I LOVE YOU
○○○●○○○○○○●○●○●○●○○○○○○○●●●○●○ ○○●○○○○○○○●○○●●○○●○○○○○○○●○●○○ ○●○○○○○●○●●○●○●●○○○○○●○●●●●○●●

* 한글과 영문자는 띄어서 쓴다.

수표 대신 '영어'표인 ○○ ○● ●● 을 쓰면 a부터 j까지의 영어 철자로 바뀌어버린다. 예를 들면, 숫자 1이 영어 a가 되고, 숫자 6이 영어 f로 된다.

○●●○ ○●○○ ●●○○	○●●● ○●●○ ●●○○	○○●○ ○●○○ ●●○○	○○●● ○●●○ ●●○○
(숫자 1)	(숫자 6)	(영어 a)	(영어 f)

그리고 나머지 철자 또한 어렵지 않게 학습이 가능하다. 즉, k부터 t까지 10개의 철자에 각각 a부터 j까지의 철자에 3점자를 추가하고 w를 제외한 u부터 z까지 5개의 철자에는 a부터 e까지의 철자에 각각 3.6점을 더하여 만들어 준다.

예)

●○ ○○ ●○	●○ ●○ ●○	●○ ○○ ●●	●○ ●○ ●●
(k)	(l)	(u)	(v)

'w'는 이 규칙에 속하지 않는데, 이것은 6점 점자를 고안한 브라유가 프랑스 사람이므로 그 당시 프랑스어 알파벳에는 'w'라는 글자가 없었기 때문이다.

영어점자가 간단하여 한국식 맞춤형 점자가 아닌가 생각할 수도 있겠지만, 이 점자는 영국, 미국은 물론 세계 어디서나 동일하다.

하지만 영어는 간단한 단어조차도 보통 대여섯 개의 철자로 구성되어 있어 이를 점자로 그대로 표기하기에는 비경제적이기 때문에 많은 약자들이 만들어져 사용되고 있다. 우리 한글 약자가 20~30개인 데 비해 영어 약자는 거의 200개에 이르고 있어 여기서는 영어 약자는 생략하기로 한다.

CHAPTER 5

시각장애와 점자 활용

시각장애인 안내 시작

먼저 시각장애인에게 다가가 "제가 안내해 드릴까요"라고 반드시 의견을 물어본 후 시각장애인의 요청에 따르도록 한다.

안내자는 시각장애인의 측면 반 보 앞에 선 후에 한쪽 팔을 뻗어 손등에 가볍게 대어 준다.

시각장애인은 안내자의 팔을 따라 올라가 팔꿈치 부분을 잡게 된다.

이 자세를 취하면 안내자가 장애물에 접근할 때 대처하는 신체 움직임을 시각장애인이 느낄 수 있게 된다.

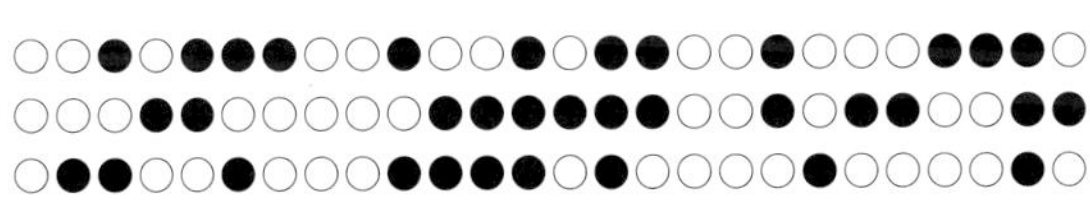

[시각장애인 안내]

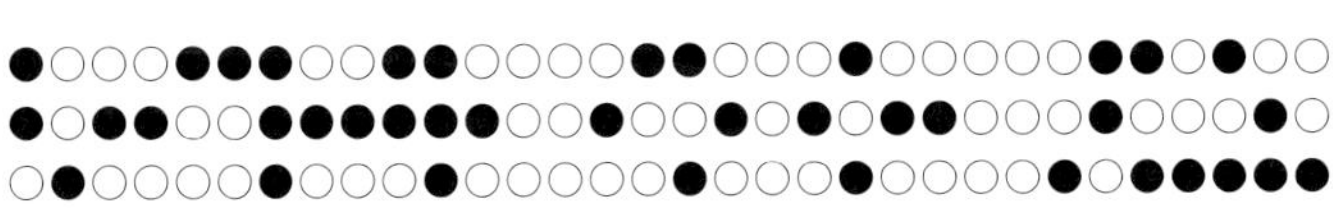

[안내해 드릴까요?]

시각장애인을 처음 만났을 때

안녕하세요? ○○○입니다.

보통 사람들이 처음 만나 인사를 나누게 되면 눈을 마주치게 마련이지만, 시각장애인들과의 만남에선 눈이란 일방적일 수밖에 없다.

그래서 시각장애인을 처음 만났을 때 어떻게 해야 할지 몰라 머뭇거리거나 당황해 하는 비장애인들이 없지 않은 것 같다. 인사를 주고받기 전에는 시각장애인은 무표정해 보일 때가 많기 때문이다.

첫인사는 악수와 함께 또렷하게 자신의 이름을 밝혀 주는 것이 좋다.

시각장애인은 인사하는 사람의 목소리와 이름을 연관시켜 기억하게 되고 악수를 함으로써 반가움을 확인한다. 비장애인들 가운데는 시각장애인들이 청각이 매우 발달하여 목소리를 한 번만 들어도 사람을 알아볼 수 있다고 생각하는 사람들이 있지만, 비장애인의 목소리나 말투가 특이하다든가 유난히 청각이 발달된 시각장애인들이 아니고서는 목소리를 몇 차례 들어서 익숙해져야 정확하게 사람을 알아보게 된다.

따라서 처음 얼마간은 시각장애인을 만날 때마다 "안녕하십니까?"라고만 인사할 것이 아니라 "안녕하세요? 이 아무개입니다." 와 같이 인사말 속에 꼭 이름을 넣어 말하는 것이 좋다.

비장애인이 봤을 때 시각장애인이 무표정하거나 못 들은 척하는 경우가 있다고 느낄 수도 있겠으나, 시각장애인의 입장에서는 때때로 비슷한 목소리만 듣고 자신에게 인사하는 줄 알고 응대하였다가 어색한 상황이 벌어질 수가 있기 때문에 소극적 응대를 하게 된다. 시각장애인의 그런 특수성을 이해하고 있다면 먼저 다가가 "안녕하세요, 이 아무개입니다."라고 건네 보는 것이 좋겠다.

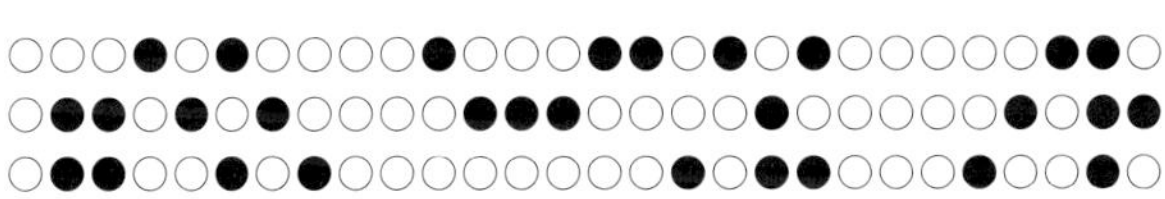

[처음 만났을 때]

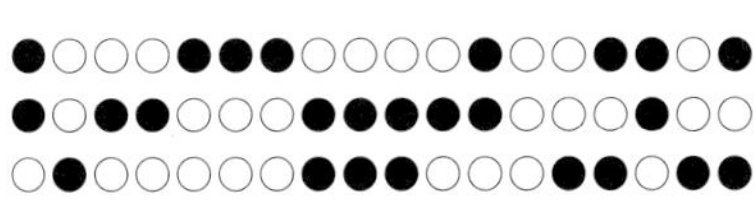

[안녕하세요]

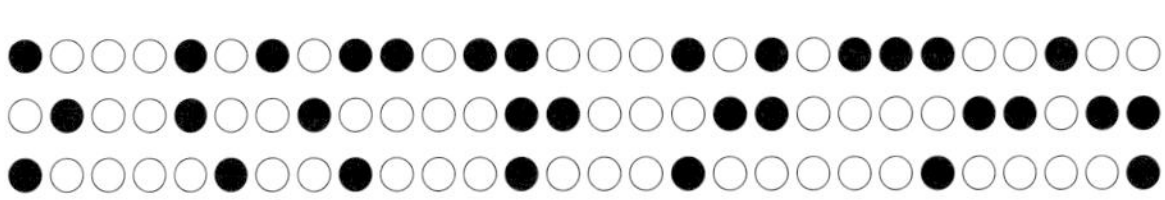

[이 아무개 입니다]

닫힌 출입문을 통과할 때

문을 연 다음 돌아서서 시각장애인의 다른 손으로 문의 손잡이를 잡도록 하여 문을 닫게 해 준다. 시각장애인 혼자서 문을 통과할 때에는 손잡이가 문의 오른쪽에 있는지 왼쪽에 있는지 설명해 주고 문 손잡이를 잡도록 도와준다.

●○●●○●○○●○○○○●●○○●○○○○○●●○○○●○
○●●●●○○○○○○○●○●○●○●○○○●○○○●○●○
○○○○●●○○○●○○○○○●○●○●○○○○●●○○○●

[문을 연 다음 돌아]

○○●○●●●○○●○○●○●●○●○○○●○○●○○○
○○○●●○○○○○●●●●●●●●○○●○○●○●●●
○●●○○●○○○●●●●○●○○●○○○○○○●○○○

[시각장애인의 다른]

○○●○○●○○●○○○○○●○○●●○●○○○○●
○○●●●○○●○○○○○○●●○○●○○●○●●○
○●●●○●○○●●○○○●●●○●○○●○○○●●

[손으로 손잡이를]

○●●○○●●○○○●●○○○●●○○○○●●●○○●●○●
○○●○●○○○○●○○○○●●●●○○○○○○○○○●○○
○●○○○○●●○○●●○○○○●○○○○●●○○●●○●●

[잡도록 해 주세요]

계단을 이용할 때

시각장애인 혼자서 계단을 이용할 때에는 난간을 잡을 수 있도록 도와주며, 계단에서 시각장애인을 안내할 때에는 한 걸음 앞에 두고 잠깐 멈춰선 다음 올라가는 계단인지 내려가는 계단인지 이야기해 주는 것이 좋다.

계단을 오를 때 손스침 쪽으로 시각장애인이 설 수 있도록 안내하며, 안내자와 시각장애인 사이에는 한 계단 차이가 있어야 한다.

●○○○○○●○●●●●●○○○○●○●○●○○●●○●●○
○○●○○●●○●○○○○●○○○○○○●○●●●●○○○●
●●○○○○○●○●○○●●○○○○●○○○○○●○○●●○

[올라가는 계단인지]

●●●○○○●○●●●●●○○○○●○●○●○○●●○●●○
○○●●○●○●●○○○○●○○○○○○●○●●●●○○○●
○○●○○○○●○●○○●●○○○○●○○○○○●○○●●○

[내려가는 계단인지]

●○○●○●●○○○○●●○○○○●●●○○●●○●
○●○●○○○●○○●●●●○○○○○○○○○●○○
●○●○○○●○○○○○●○○○○●●○○●●○●●

[이야기 해 주세요]

문을 사용할 때

문을 열었을 때에는 다시 꼭 닫아 두든가, 아니면 활짝 열어 벽에 바짝 붙여 놓아야 한다. 만약 그렇게 하지 않았을 경우 시각장애인이 지나가다 문에 부딪칠 수 있다.

●○●●○●○○●○○●○○○●○○○○○○○●●○
○●●●●○○○●○○○●●●●●○○○○○●○●●
○○○○●●○○●○●●●●○○○○○○○●○○●○

[문을 사용할 때]

비좁은 곳을 안내할 때

시각장애인에게 길이 비좁음을 말하고 자연스럽게 팔을 뒤로 뻗으면서 안내자의 뒤쪽으로 옮겨 걸을 수 있도록 안내한다.

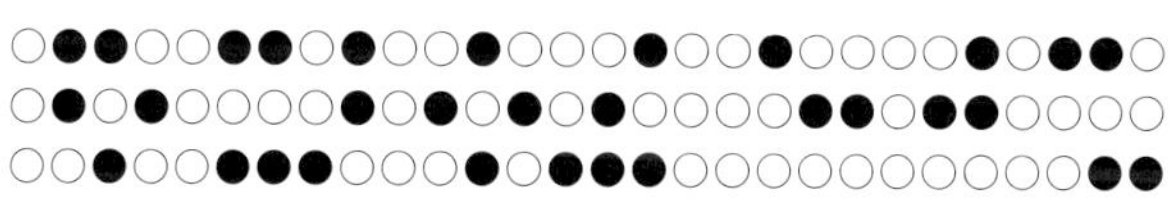

[비좁음을 말하고]

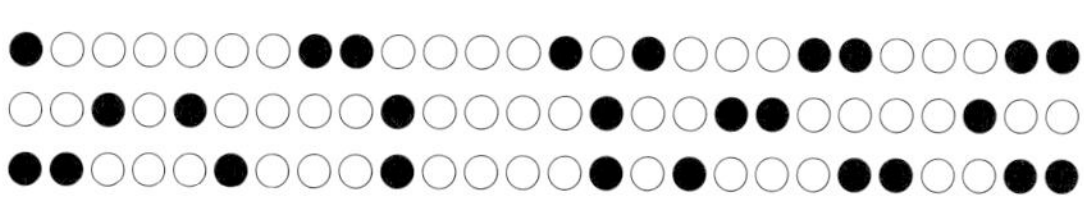

[옮겨 걷도록]

에스컬레이터를 안내할 때

올라가는 곳인지 내려가는 곳인지를 설명해 주고 오른손 손잡이를 잡도록 해 준다.

●●○○○●●●○●○○●●●○●○○●
○●○○●○●○●●○●○●○●●●●○
●○○●○●○○●○○○●○●○○○●○

[에스컬레이터]

컵이나 칼 등을 전달할 때

칼이나 내용물이 든 컵 등을 전달할 경우에는, 컵의 경우 내용물을 설명하고 탁자 위에 놓으면서 손잡이를 잡도록 해 주고, 날카롭거나 뾰족하여 다칠 위험이 있는 물건을 전달할 때에는 안전한 부분을 시각장애인으로 향하게 하여 손잡이에 손이 닿도록 해 준다.

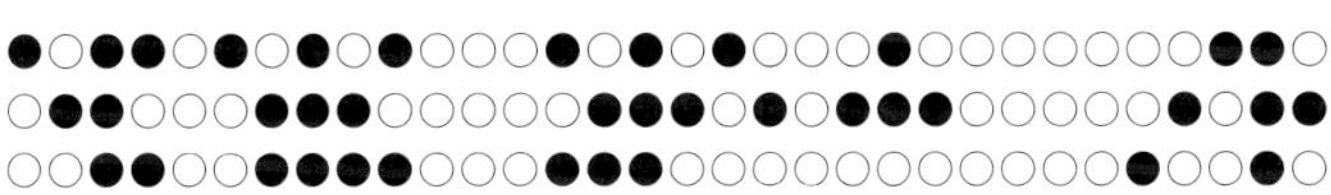

[물건을 전달할 때]

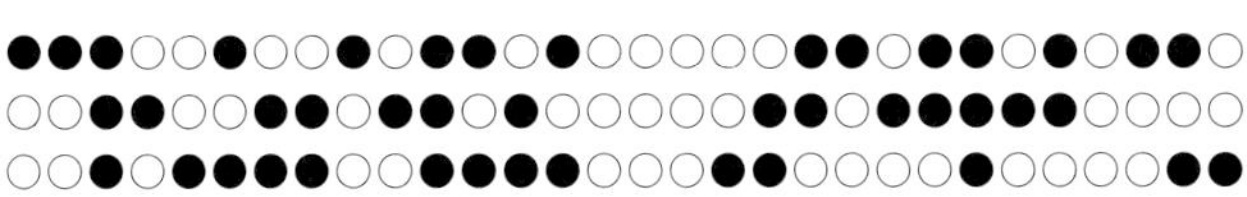

[내용물을 설명하고]

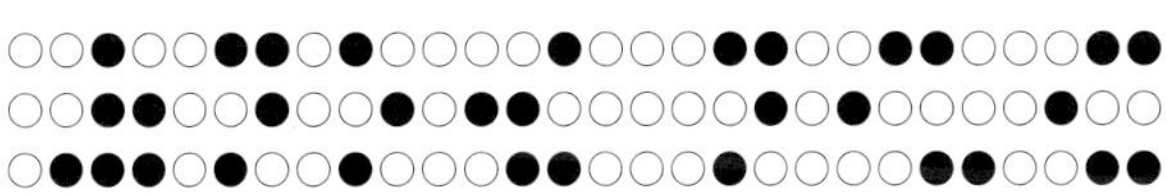

[손잡이를 잡도록]

시각장애인 인도하는 방법

<시각장애인을 안전하게 인도하는 방법>

복잡한 거리에서, 지하철 매표소나 승강장에서, 버스 정류장 가는 길에서, 횡단보도 등에서 길을 다니다가 우연히 흰 지팡이를 짚은 시각장애인들을 만나는 경우가 종종 있을 것이다. 이때 시각장애인에게 다가가 이렇게 말 한마디 건네 보자.

"안내해 드릴까요? 제 팔꿈치를 잡아 주십시오."

그러면서 팔꿈치를 살짝 내밀면, 시각장애인은 당신의 내민 팔꿈치를 붙잡을 것이다. 이것이 시각장애인 안내법의 기본자세이다.

당신의 팔꿈치를 잡은 시각장애인은 반 보 정도 뒤에서 편안히 걸어올 것이다. 당신이 계단을 오르거나 내려가도 당신의 몸 움직임을 팔꿈치를 통해 감지할 수 있으므로, 부축을 하려거나 하는 행동은 오히려 시각장애인을 거북스럽게 할 수도 있음을 기억하자.

반대로 당신이 시각장애인의 팔꿈치를 잡을 수도 있다. 시각장애인이 양손에 무언가를 들고 있을 때라든가 아주 짧은 거리를 안내할 때라든가 하는 경우에 말이다.

만일 이때에라도 시각장애인이 "팔꿈치를 잡아도 되겠습니까?" 라고 말하면 팔꿈치를 내밀어 주는 것이 좋다. 시각장애인은 당신의 팔꿈치를 잡고 갈 때가 가장 안정감을 느끼기 때문이다. 당신이 시각장애인의 팔꿈치를 잡고 안내할 때에 주의해야 할 점은 걸어가는 길의 상황을 변화가 있을 때마다 두 세 걸음 앞서 미리 말로 설명해 줘야 한다.

턱이나 계단이 있는지 여부와 있다면 그것이 올라가는 것인지 내려가는 것인지, 또 짧은 것인지 긴 것인지 등에 대해 미리 말하지 않으면 시각장애인은 깜짝 놀라거나 넘어질 수도 있다.

시각장애인을 안내할 때 위와 같이 당신의 팔꿈치를 잡게 할 수도, 아니면 당신이 시각장애인의 팔꿈치를 잡을 수도 있다.

그러나 그 밖의 방법, 즉 지팡이를 잡아끈다든가, 옷자락을 잡아당긴다든가 어깨를 감싸 안고 안내한다든가 하는 방법들은 좋지 않다.

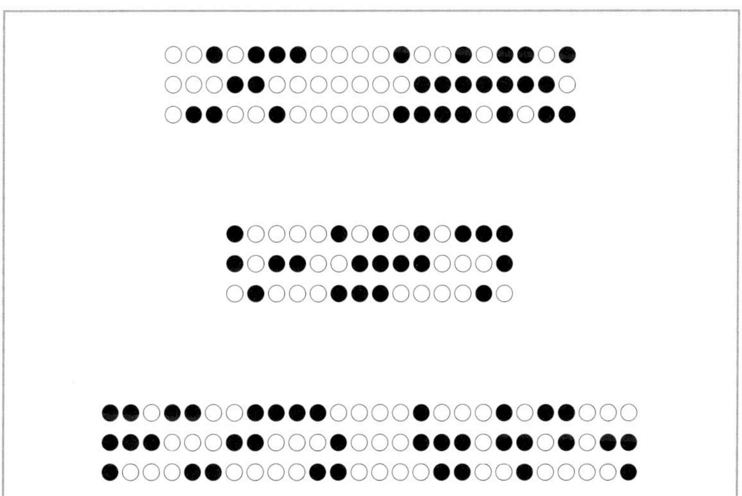

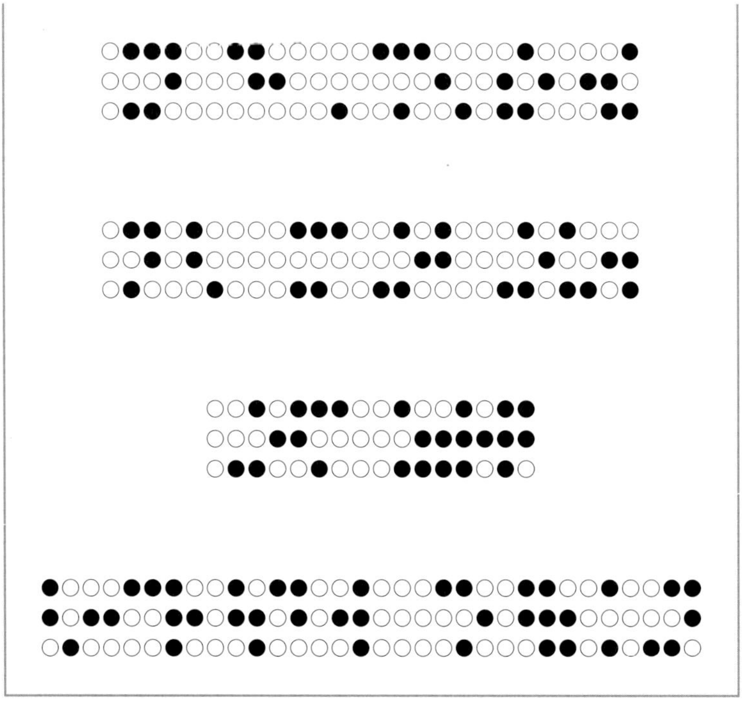

시각장애인을
안전하게
인도하는 방법.
제 팔꿈치를
잡아 주십시오.
시각장애인
안내법의 기본자세

횡단보도를 건널 때

함께 건너가시겠습니까?

시각장애인들이 혼자서 길을 다닐 때 가장 주저하는 곳이 있다면 그것은 건널목일 것이다.

안내방송이 나오는 음향신호기 등이 있다고는 하지만 아직 설치된 곳이 많지 않을 뿐더러 설치됐더라도 고장 난 것들이 많고, 우리나라 모든 건널목마다 음향신호기가 설치되는 것 역시 요원한 일이기도 하다.

상황이 이렇다 보니 음향신호기가 없는 대부분의 건널목에서 시각장애인들은 건널목 건너기가 상당히 어렵다.

그나마 사람이 붐비는 곳은 주위 사람이 건너가는 발자국 소리를 듣고 건너기도 하지만 그렇지 않은 건널목에선 두세 차례나 불이 바뀌어도 건널 때를 판단 못해 초조하게 서 있는 경우가 많다.

쌩쌩 달리는 차량 소리를 들으면 더욱 건널 용기가 나지 않는다. 이때는 누군가가 다가와 “함께 건너가시겠습니까?”라고 먼저 이야기해 주는 것이 좋겠다.

건널목 앞에서 망설이고 있는 시각장애인을 만났을 때 그렇게 하기 힘든 상황이라면 "불이 바뀌었습니다."라고 말 한마디만 해 줘도 상당히 큰 도움이 될 것이다.

어떤 사람은 시각장애인이 먼저 주위 사람들에게 부탁하면 되지 않느냐고 말할 수도 있겠지만, 시각장애인은 달리는 차 소리 때문에 누군가가 일정 거리를 두고 서 있거나 말없이 조용히 서 있으면 주위에 사람이 있음을 알지 못한다.

"함께 건너가시겠습니까?" 친절한 말 한마디와 함께 시각장애인이 붙잡을 수 있도록 당신의 팔꿈치를 살짝 내밀어 주길 바란다.

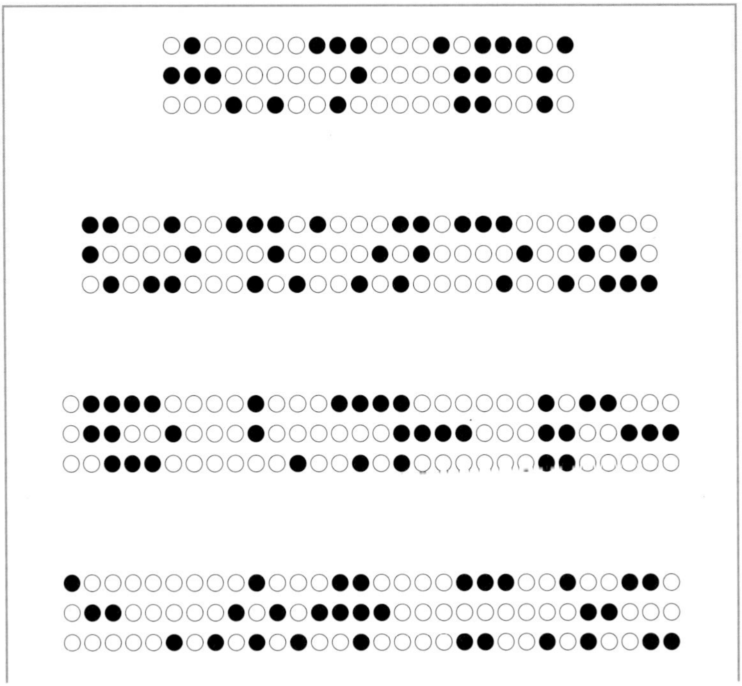

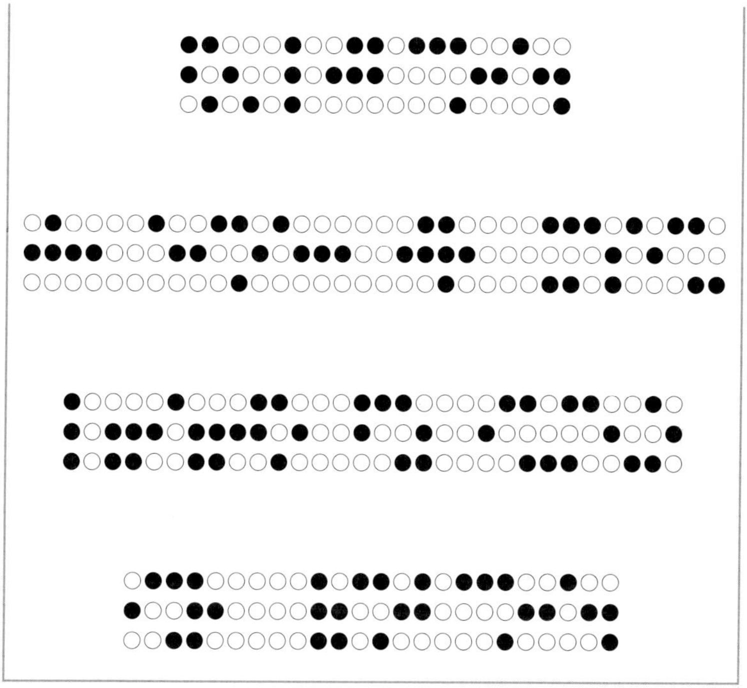

함께 건너
가시겠습니까?
불이 바뀐 것만
말씀해 주셔도
감사합니다.
한 마디만 해 주어도
상당히 큰 도움이
될 것입니다.

버스 정류장에서

몇 번 버스를 타시려 하십니까?

버스 정류장에 서 있는 시각장애인을 만나면 몇 번 버스를 타는지 물어 보라.

대중교통수단 가운데 시각장애인들이 이용하기에 가장 불편한 것을 하나 들라 하면 '버스'를 꼽는 사람이 많다. 버스 운전기사 분들이 불친절해서가 아니다. 이유는 다음의 두 가지다.

첫째, 버스 정류장의 위치를 정확히 찾아내기가 어렵고, 또 설혹 제 위치를 찾아 서서 기다린다 하더라도 버스가 멈춰 서는 곳은 주변 차량 상황에 따라 일정치가 않다. 어떤 때는 저 앞쪽, 어떤 때는 저 뒤쪽에 서곤 한다. 그래서 버스 멈추는 소리를 듣고 지팡이를 짚으며 그리로 가지만, 그 사이에 버스는 이미 출발해 버린다.

둘째, 버스 번호를 볼 수 없어서이다. 그래서 주위 사람들에게 몇 번 몇 번 버스가 오면 일러달라고 부탁도 하지만, 부탁해 놓았다고 안심할 일만도 아니다. 시각장애인이 타고자 하는 차가 올 때까지 친절히 기다렸다가 태워 주는 사람들도 있긴 하지만 많은 사람들은 바빠서인지 자기 버스가 먼저 오면 타고 가버리는 경우가 대부분이기 때문이다.

버스 운전기사에게 물어 탈 수도 있지 않느냐고 생각하는 사람들도 있겠지만, 버스가 멈춰 서는 자리가 지하철처럼 일정하지 않아 앞뒤로 뛰어다니면서 몇 번 버스냐고 물어볼 수는 없는 일이다.

'친절'이란 특별한 기회에 특별한 계획을 세워서 하는 그 무엇이 아니라고 생각한다. 평범한 일상생활 가운데서 배려하는 아주 작은 말 한마디, 작은 행동이 장애인들에게는 크고 특별한 도움이 된다는 사실을 유념해 주었으면 한다.

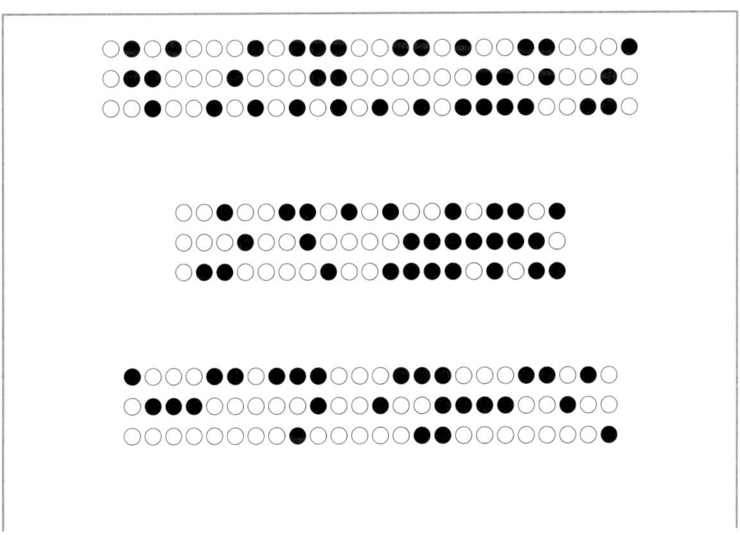

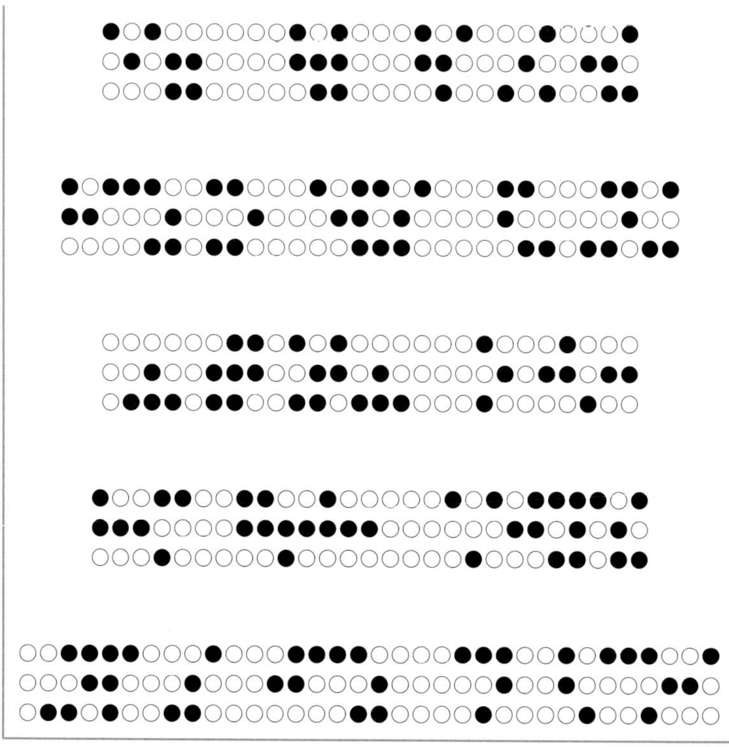

버스정류장에서
시각장애인을
만나게 된다면
몇 번 버스를
타는지 물어 보세요
'친절'이란
특별한 계획을
세워서 하는 게 아니다

택시를 탈 때

머리를 부딪치지 않도록 조심하세요.

왼손은 차체에 오른손은 차 문에 닿게 해주면 안전하게 승차할 수 있다.

시각장애인들은 경제적 형편과 상관없이 택시를 종종 이용한다. 낯선 곳을 혼자 찾아갈 때라든가, 비나 눈이 올 경우에 특히 그러하다.

지하철이나 버스에서 내려 지팡이를 짚고 목적지까지 물어물어 찾아가는 것도 힘들지만 차도인지 인도인지 구별하기 어려울 만큼 차량들이 골목을 드나들어 위험하기 짝이 없기 때문이다. 공사한다고 파헤쳐 놓은 길을 만나기라도 하면 막막하기까지 하다.

비라도 오는 날에는 더더욱 택시가 간절해진다. 한 손에는 지팡이를, 다른 한 손에는 우산을 들어야 하니, 들고 다니던 가방은 어깨에 둘러멜 수밖에 없다.

또한 빗물이 고인 곳을 눈으로 보고 피할 수 없으니 구두와 바짓단은 흙탕물에 젖기 일쑤이고, 지나가는 누군가에게 길을 물어

보려 해도 비 떨어지는 소리와 빗길을 질주하는 차량들 소음에 사람들의 발자국 소리가 묻혀 들리지 않으므로 마냥 서성거리게 된다. 그 같은 경험을 몇 차례 하고 나면 으레 비오는 날이면 택시가 생각날 수밖에 없다.

시각장애인이 택시를 이용하려 할 때의 에티켓은 다음 두 가지다.

첫 번째는 시각장애인이 직접 차 문을 열 수 있도록 시각장애인의 손을 손잡이에 대주는 방법이다.

두 번째는 차 문을 열어 준 뒤 한 손은 열린 차 문 가장자리에, 다른 한 손은 천장 부분의 차체에 손을 대주어 차 안으로 들어갈 때 머리를 부딪치지 않도록 하는 방법이다. 그리고 앞좌석인지 뒷좌석인지도 얘기해 주는 것이 좋다. 이런 상황에서 쓸 수 있는 말들은 아래의 내용과 같다.

"차 문 손잡이가 여기 있습니다."
"차 문은 여기고요, 차체는 이쪽입니다."
"앞좌석 문이 열려 있습니다."
"손님께서 여신 문은 뒷좌석 쪽입니다." 등이다.

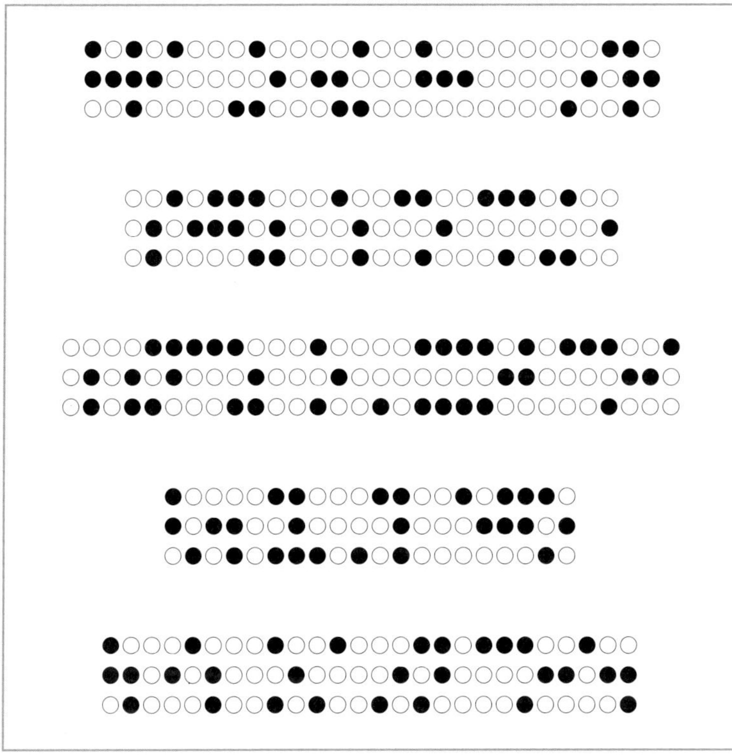

택시를 탈 때
차문은 여기구요,
차체는 이쪽입니다
앞좌석 문이
열려 있습니다.

물건을 살 때

찾으시는 물건이 여기 있습니다.

물건이나 거스름돈을 전할 때는 직접 손에 건네주고, 돈을 건네줄 때에는 거스름돈을 액수별로 이야기하며 건네 주도록 한다.

"거스름돈은 5천 원권 1장과 천 원권 3장, 8천 원입니다." 비장애인들은 시각장애인이 돈을 액수별로 구별해 내는 것을 보면서 매우 신기해한다.

하지만 실은 신기할 것이 하나도 없다. 대부분의 시각장애인들은 돈의 크기를 비교하는 방식으로 하여 얼마짜리인지를 알아내기 때문이다.

지폐의 경우 1천 원짜리보다는 5천 원짜리가, 5천 원짜리보다는 1만 원짜리가 조금씩 더 크게 되어 있다.

또한 조폐공사에서 처음 발행돼 나올 땐 각각의 지폐에 요철된 점이 한 개, 두 개, 세 개씩 찍혀 있다. 하지만 시중에서 유통되고 있는 돈에서 요철된 점을 찾아 식별한다는 것은 상당히 어려운 일이다.

동전을 보면, 50원짜리, 100원짜리, 500원짜리는 액수가 클수록 돈의 크기도 크며, 세 가지 동전이 똑같이 테두리가 까칠까칠하다.

10원짜리 동전은 크기로 보면 100원짜리보다 작고 50원짜리보다는 큰데 테두리가 맨질맨질하여 다른 것과 쉽게 구별된다.

지폐와 동전의 구별법이 위와 같지만 매 순간 비교해 가면서 사용하기가 쉽지 않아 만 원짜리는 만 원짜리끼리, 천 원짜리는 천 원짜리끼리 구분하여 만 원짜리는 지갑의 안쪽, 천 원짜리는 바깥쪽, 또는 만 원짜리는 왼쪽 주머니에, 천 원짜리는 오른쪽 주머니에 넣는 등등의 방법으로 사용상의 혼동을 방지한다.

시각장애인이 가게에서 1만 원권으로 2천 원짜리 물건을 샀다고 했을 때 "여기 잔돈이 있습니다."라고만 할 것이 아니라, "여기 잔돈이 있습니다. 맨 밑에 있는 5천 원짜리 하나와 천 원짜리 3장입니다"와 같이 금액과 지폐의 종류를 함께 이야기해 주는 것이 좋다.

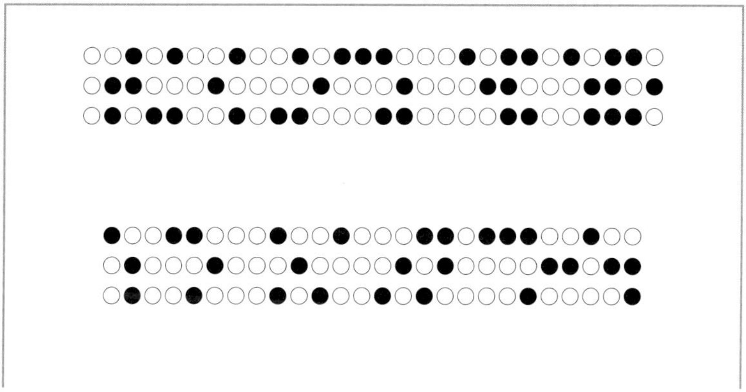

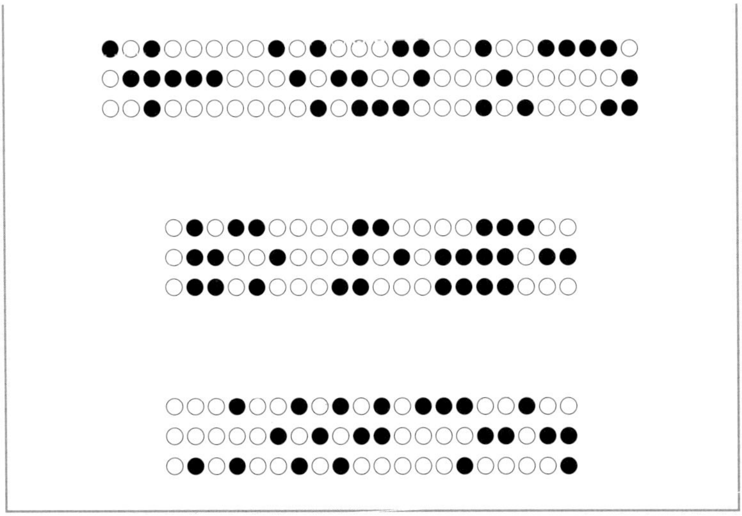

찾으시는 물건이
여기 있습니다.
맨 밑에 있는
것이 5천원
짜리입니다.

식사를 할 때

시각장애인이 식사를 할 때 반찬 위치를 설명해 주세요

젓가락을 쥔 시각장애인의 손을 잡고 반찬이 놓여 있는 그릇의 위치를 알려 주거나 시계 방향의 위치로 설명해 준다.

"국은 감자국이고요, 10시 방향에 김치가 있습니다."

시각장애인과 식사를 하는 경우가 있을 것이다. 이때 반찬의 위치를 설명해 줘야 하는데, 어떻게 하면 좋은지 두 가지 방법을 소개한다.

하나는, 시계 방향을 이용하여 대략적인 위치를 말해 주는 것이다.

여섯 시 방향에는 국이 있고, 세 시 방향에는 시금치가 있고 하는 식이다. 방향을 가리킬 때 중요한 것은 시각장애인 중심으로 설명되어야 한다는 것이다. 마주 보고 식사하는 경우에 자기 중심으로 방향을 설명하게 되면 반찬의 위치가 정반대 방향이 될 수 있기 때문이다.

반찬의 위치를 가리켜 주는 또 한 가지의 방법은 시각장애인으로 하여금 젓가락을 쥐게 한 다음 그 손목을 살짝 잡아 반찬 그

릇 하나 하나를 건드려가며 반찬 이름을 말해 주는 것이다.

시각장애인들과 처음 식사하는 비장애인들은 시각장애인이 혼자서 반찬을 제대로 집어먹지 못할 것이라 염려하여 밥그릇 위에다 좋아하는 반찬을 얹어 주거나 숟가락 위에 한 점 한 점 얹어주려 하는 사람도 있는데 그럴 필요가 없다. 그렇게 하면 오히려 둘 다 불편해지기 때문이다.

또 반찬 가짓수가 많을 경우엔 주 메뉴를 시각장애인이 집어먹기 좋은 위치에 놓아 주며, 잡채나 묵 등 먹기 불편한 음식들은 작은 접시를 이용해 따로 덜어서 가까운 곳에 놓는 게 좋다.

찌개나 물김치 등 국물이 있는 음식들도 가능하면 가까운 곳에 놓는 것이 좋다. 물잔 또는 커피잔 등은 손잡이나 몸체에 살짝 손을 닿게 해주는 것이 안전하다.

시각장애인이 무심코 손을 앞으로 내밀거나 더듬다 엎지를 위험이 있기 때문이다. 목이 긴 잔일수록 더욱 그러하다. 썰어서 먹는 양식일 경우에는 미리 먹기 좋은 크기로 잘라 놓는다.

시각장애인들과 식사하면서 가장 주의해야 될 사항은, 앞도 보지 못하는 사람이 어떻게 밥을 먹는지 호기심에 찬 눈으로는 절대 바라보지 말아야 할 것이다.

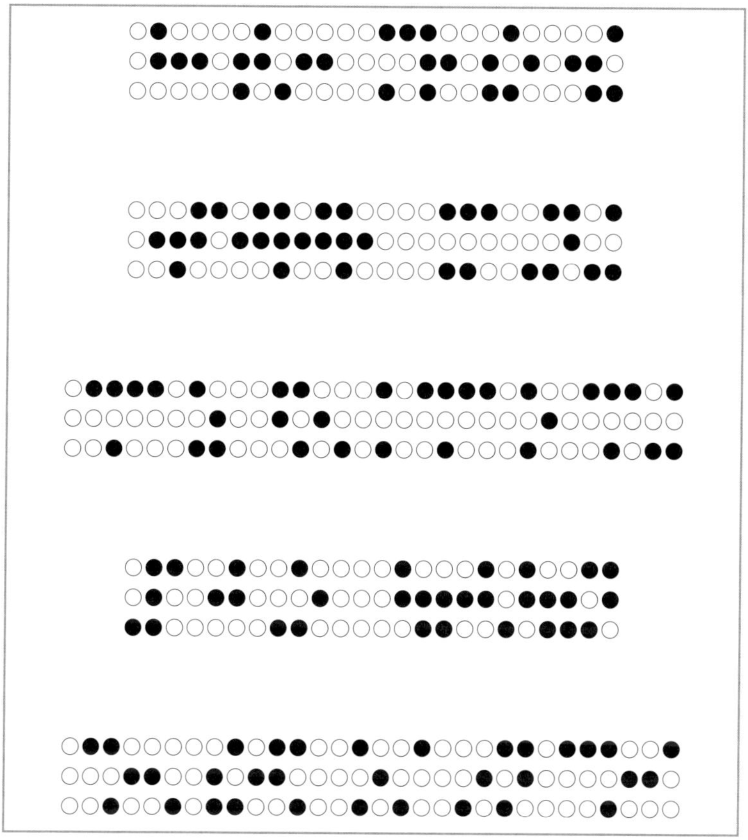

반찬 위치를

설명해 주세요

국은 감자국이구요

10시 방향에

김치가 있습니다

의자에 앉을 때

회의장이나 식당 안에 들어섰을 때 시각장애인에게 어떻게 의자를 권하는 것이 자연스러울까?

어떤 사람은 의자를 뒤로 있는 대로 쭈욱 뺀 다음 시각장애인에게 앉으라고 말하는 이가 있는가 하면, 또 어떤 사람은 시각장애인을 감싸 안듯 하면서 의자에 앉히기도 한다.

비장애인은 나름대로 친절을 베푸느라 그랬을는지 모르지만, 시각장애인들에게는 오히려 그것이 불편하다.

그렇게 하기보다는 시각장애인의 한 손은 탁자 가장자리에, 또 다른 한 손은 의자 등받이에 살짝 갖다 대주면서 "이쪽은 탁자이고, 이것은 의자입니다."라고 말하는 것이 가장 좋다.

그렇게 하면 시각장애인은 어디에 어떤 방향으로 앉아야 할지를 정확하게 알게 돼 엉뚱한 방향을 보고 앉는다든가 탁자에 부딪힌다든가 하지는 않게 된다.

시각장애인을 처음 접해 보는 사람들의 대처 행동은 대체로 두 가지로 나타난다. 그 하나는 어떻게 해야 좋을지를 몰라 머뭇거리기만 한다. 도움을 주고 싶어도 혹 실례나 실수가 되지 않을까 하는 염려에서일 것이다.

또 다른 하나는 과잉 친절에서 나오는 행동이다. 의자에 앉히거나 길을 안내할 때, 또는 식사를 할 때 등등의 상황에서 마치 어린아이 취급하듯 하는 경우를 말한다.

안내를 할 때에는 뒤에서 밀거나 앞에서 잡아당기지 말고 한 손은 의자에 다른 한 손은 책상에 닿게 해 주면 바르게 앉을 수 있다.

당황스럽거나 어떻게 해야 좋을지 모를 경우에는 “어떻게 도와드리면 좋을까요?”라며 물어보는 것이 적당한 방법이다.

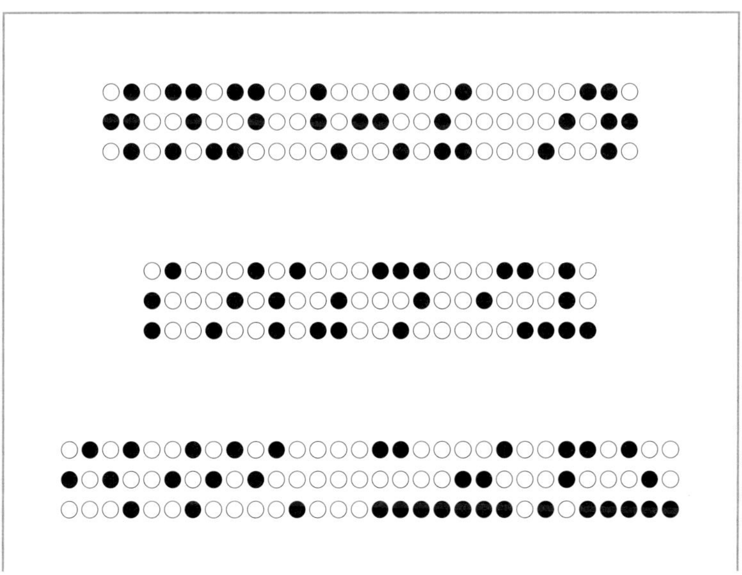

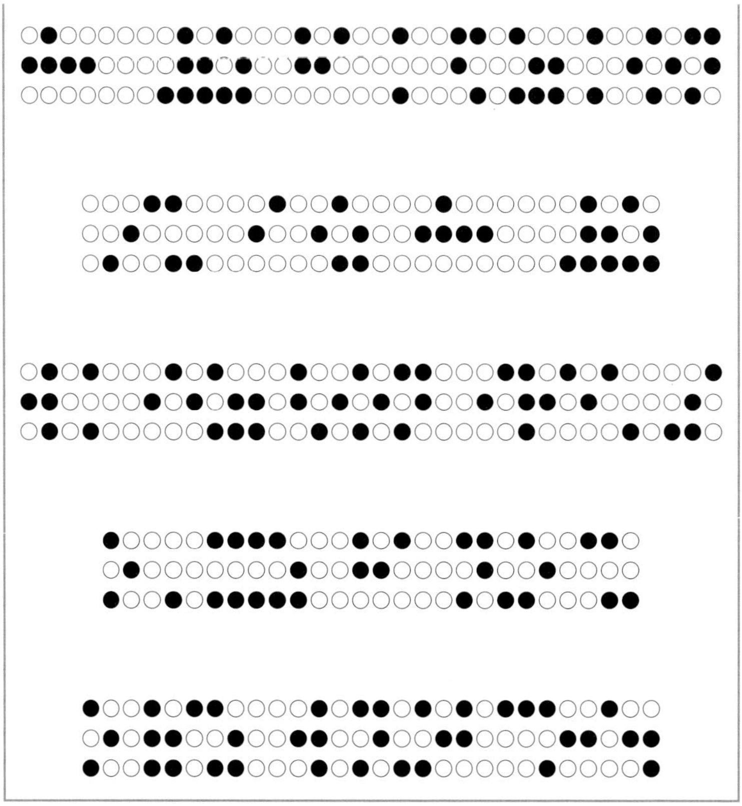

의자에 앉을 때
어떻게 도와
드리면 좋을까요?
한 손은 탁자 가장자리에
또 나른 한 손은
의자 등받이에 대면서
이쪽은 탁자이고
이것은 의자입니다.

지하철에서 안내할 때

서울과 수도권, 부산, 대구 등지에는 지하철이 운행되고 있어 많은 시각장애인들이 편리한 교통수단으로 이용하고 있다.

지하철역 주변 또는 역사 내에 설치돼 있는 점자블록은 자칫 방향을 잃고 헤맬 수 있는 시각장애인들에게 좋은 길잡이가 되어 주고 있다.

또 친절한 안내방송은 물론이고, 특히 환승역임을 알려 주는 상큼한 멘트에 언젠가부터는 전동차가 플랫폼으로 들어옴을 알리는 벨소리 또한 전동차 운행 방향에 따라 "땡 땡 땡 땡 땡 땡" "뚜르르르르" 구별되어 시각장애인들에게는 더더욱 반가운 일이 아닐 수 없다.

지하철 전동차 안을 보면 현재, 네 귀퉁이에 위치한 3인용 좌석이 장애인 노약자석으로 지정돼 있다.

연세 드신 어르신들과 신체적으로 약하거나 불편한 사람들을 배려하여 마련된 좌석이다.

시각장애인은 볼 수 없기 때문에 자리가 비어 있는지 여부를 알 수 없으며, 그렇다고 일일이 지팡이로 더듬어 확인해 볼 수도 없다. 왜냐하면 혹 그러한 행동이 이미 자리에 앉아 있는 사람에게 자리를 비켜달라는 뜻으로 잘못 전달될 수도 있기 때문이다. 그래서 확인하는 행동을 하지 않고 그저 가만히 서 있기만 하는 경우가 많다.

이때 서 있는 시각장애인에게 "여기 앉으시겠습니까?" "앞자리가 비어 있습니다."라고 한마디 건네준다면 매우 고마운 일이 될 것이다.

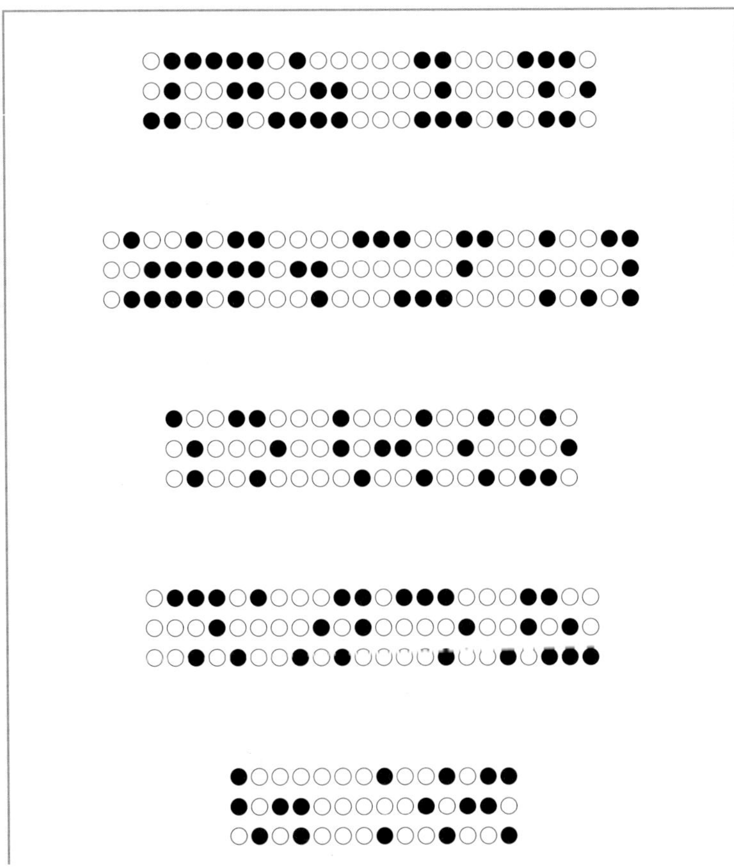

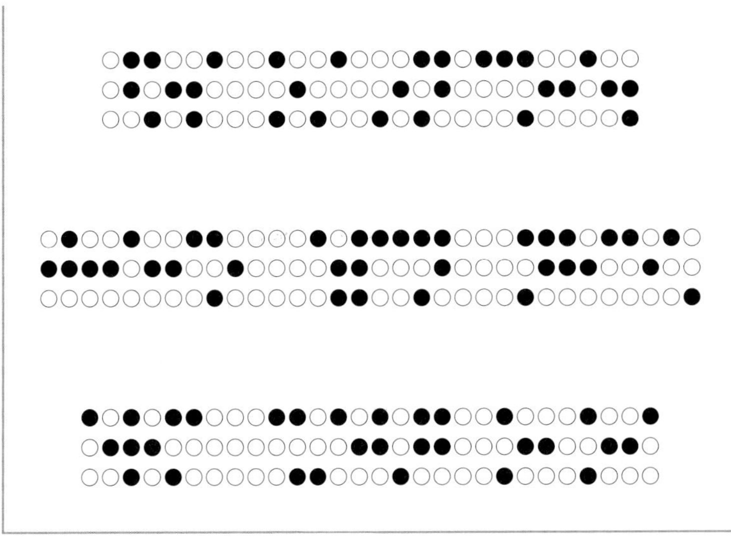

3인용 좌석이
장애인·노약자석
여기 앉으시
겠습니까?
앞 자리가
비어 있습니다.
한마디 건네준다면
매우 고마운 일이다

시각장애인 안내견이란?

시각장애인 안내견은 시각장애인의 안전한 보행을 돕기 위해 훈련된 장애인 보조견을 말한다.

시각장애인의 보행을 안전하게 안내하고 언제 어디서나 그들과 함께 함으로써, 장애인 스스로 독립된 삶을 영위하며 사회의 당당한 일원으로 살아갈 수 있도록 도와준다.

안내견은 그 나라의 장애인 복지 수준을 가늠할 수 있는 결정체로서, 안내견이 환영받는 사회일수록 장애인에 대한 배려가 넘치는 선진 복지국가로 평가되는 것이 일반적이다.

안내견에 대한 표시는 하네스(Harness), 안내견 옷(조끼), 안내견인식 목걸이, 장애인 보조견 표지가 부착되어 있다. 이것은 장애인 보조견임을 증명하는 것이므로, 대중교통수단에 탑승하거나 공공장소 및 숙박시설, 식당 등 여러 사람이 다니거나 모이는 곳에 출입할 수도 있도록 도와준다.

장애인 보조견 표지를 부착하여 동반한 장애인 등의 출입을 정당한 사유 없이 거부한 자에게는 장애인복지법 제40조 제3항의 규정 및 시행령[별표 4]에 의거해 200만 원 이하의 과태료를 부과하게 된다.

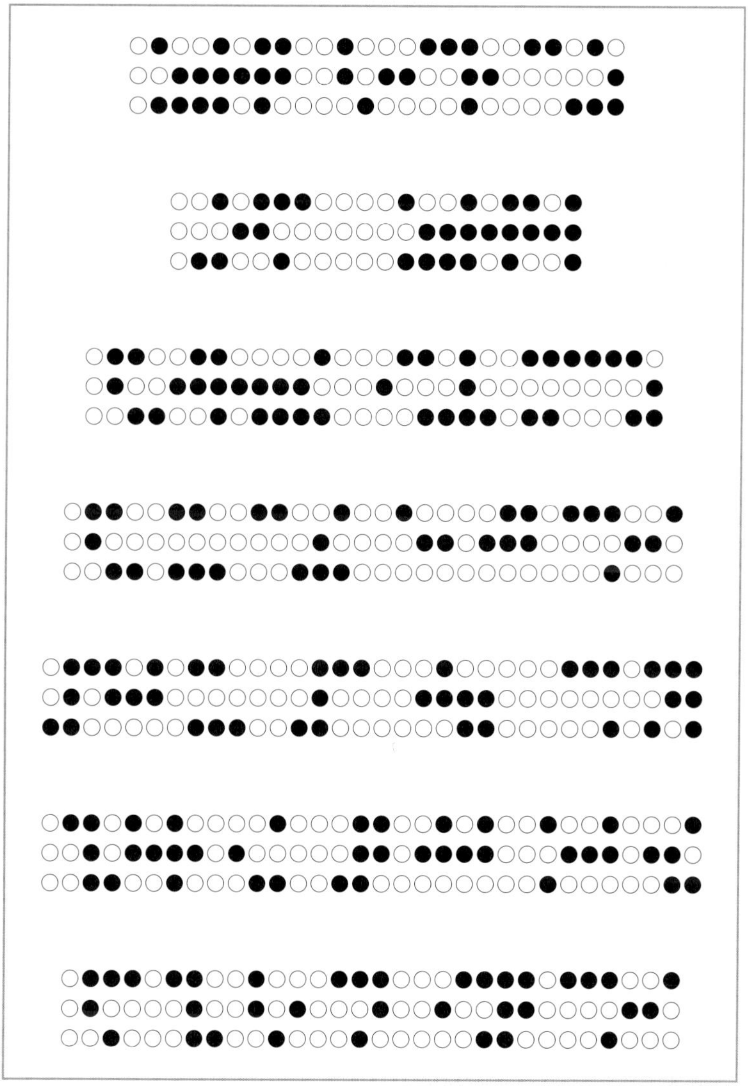

장애인 안내견은
시각장애인의
보행을 도와주는
보조견을 말합니다
40조 3항 규정
과태료 200 이하를
부과받게 됩니다

흰지팡이의 유래

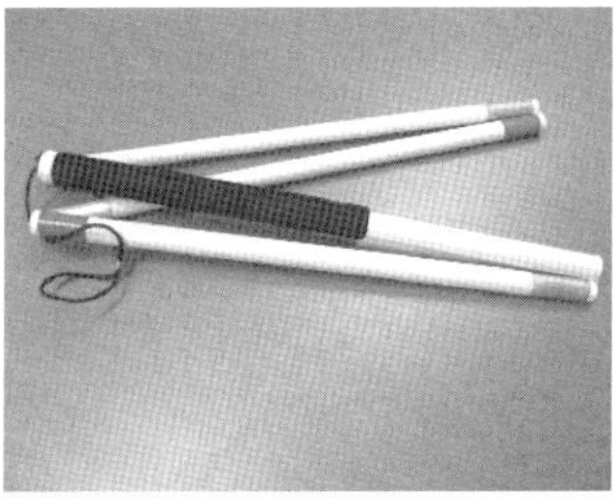

지팡이는 예전부터 시각장애인이 활동하는 데 보조기구로 사용되어 왔다. 첨단 과학이 고도로 발달된 현대에도 전 세계적으로 대부분의 시각장애인이 사용하고 있는 것이 흰지팡이이다.

시각장애인이 사용하고 있는 지팡이의 색깔은 흰색으로 통용되고 있는데, 이는 일반 지체장애인이나 노인의 보행에 쓰이고 있는 지팡이와 구별되며, 시각장애인 이외의 사람은 흰색을 금하고 있다.

흰지팡이의 개념은 1차 세계대전 당시 프랑스에서 공식적으로 채택되었으며, 그 후 영국으로 전파되고 다시 캐나다를 거쳐 미국으로 건너갔다. 1931년 캐나다의 토론토에서 개최된 국제 라이온스대회에서 흰지팡이의 기준이 설정되었으며, 그 후 미국의 페오리아 시에서 개최된 라이온스클럽대회에서 "페오리아 시에 살고 있는 시각장애인은 흰지팡이를 가지고 다녀야 한다."는 흰지팡이에 대한 최초의 법률이 제정되었다.

그리고 1962년 미국의 케네디 대통령은 "시각장애인에게 흰지팡이를…"을 주장하며 시각장애인의 기본 권리를 주창하고 사회적 책임을 촉구했다. 그 후 1980년 세계맹인연합회가 10월 15일을 '흰지팡이날'로 공식 제정하여 각국에 선포했다.

이 선언문의 내용은 "흰지팡이는 동정이나 무능의 상징이 아니라 자립과 성취의 상징이다. 전 세계의 시각장애인 기관과 정부는 이 날을 기해 시각장애인의 사회통합을 위한 행사와 일반인의 시각장애인에 대한 올바른 이해를 위한 계몽 활동을 적극 추진한다."는 내용이었다.

우리나라에서는 한국맹인복지연합회 주최로 10월 15일을 전후하여 서울을 비롯 전국 각처에서 기념식 및 부대 행사를 열어 이 날을 기념하고 있다.

우리나라에서 흰지팡이에 대한 규정이 마련된 것은 1972년 도로교통법에서이다. 현재 도로교통법 제11조 제2항에서는 "앞을 보지 못하는 사람의 보호자는 그 사람이 도로를 보행할 때에는 흰색 지팡이를 갖고 다니도록 하거나 앞을 보지 못하는 사람에게 길을 안내하는 개로서 행정안전부령으로 정하는 개를 동반하도록 하여야 한다."고 규정하고 있으며, 동법 제49조(모든 운전자의 준수사항 등)에서 "앞을 보지 못하는 사람이 흰색 지팡이를 가지거나 맹인안내견을 동반하고 도로를 횡단하고 있는 경우" 일시정지할 것을 규정하고 있다.

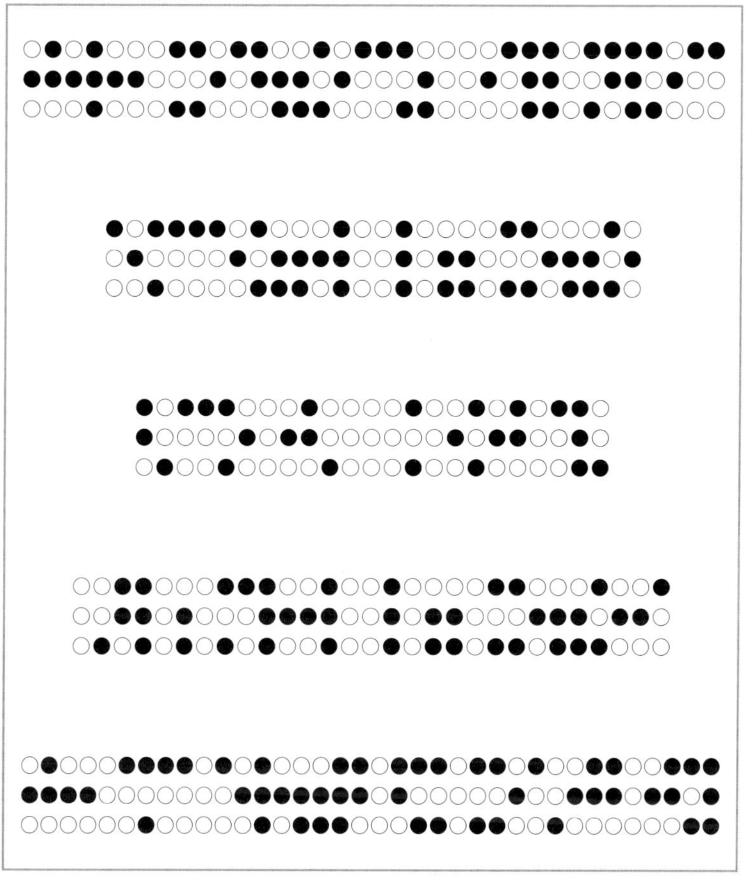

흰지팡이는 동정이나
무능의 상징이
아니라 자립과
성취의 상징이다
한국맹인복지연합회

흰지팡이 헌장

흰지팡이는 시각장애인이 길을 찾고 활동하는 데 가장 적합한 도구이며 시각장애인의 자립과 성취를 나타내는 전 세계적으로 공인된 상징입니다.

흰지팡이는 장애물의 위치와 지형의 변화를 알려 주는 도구로 어떠한 예상치 않은 상황에서도 시각장애인이 신속하게 적응할 수 있도록 정보를 제공해 주는 도구입니다.

누구도 흰지팡이를 동정을 불러일으키는 대상으로 잘못 이해해서는 안 될 것입니다.

흰지팡이를 사용하는 시각장애인을 만날 때에 운전자는 주의해야 하며 보행자는 길을 비켜 주거나, 도움을 청해 오면 친절하게 안내해 주어야 합니다.

그러므로 흰지팡이는 시각장애인이 마음 놓고 활동할 수 있는 권리를 보장해 주는 또 하나의 표시인 것입니다.

모든 나라와 국민은 10월 15일을 흰지팡이 기념일로 제정하여 매년 시각장애인의 권익옹호와 복지증진의 올바른 지식을 전달할 수 있는 다채로운 행사를 개최해야 합니다.

특히 시각장애인 시설과 단체는 흰지팡이날에 즈음하여 운전자와 보행자가 시각장애인을 보호할 수 있는 인식 계몽의 교육을 실시해야 합니다.

그리하여 모든 인류는 흰지팡이가 상징하는 의미를 정확히 인식해야 하며 시각장애인의 신체를 보호하고 심리적 안정을 위하여 제반 조치를 적극적으로 강구해야 하는 것입니다.

■ 1980년 10월 15일 세계 시각장애인 연합회

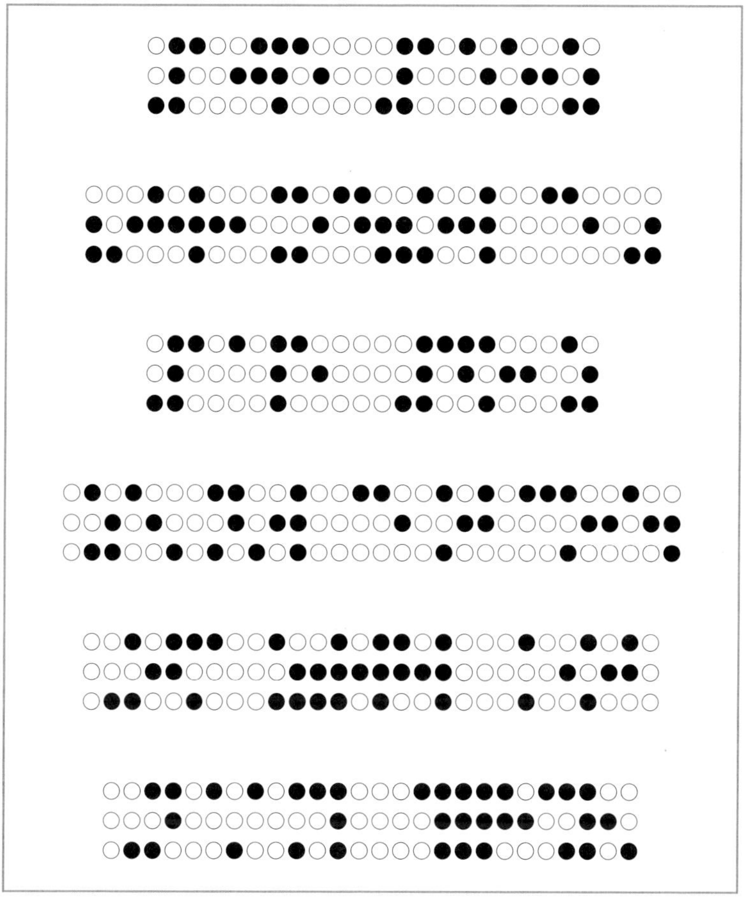

10월 15일은
"흰지팡이의 날"
11월 4일은
점자의 날입니다.
시각장애인의 자립
세계적 공인됨

시각장애인 유도블록

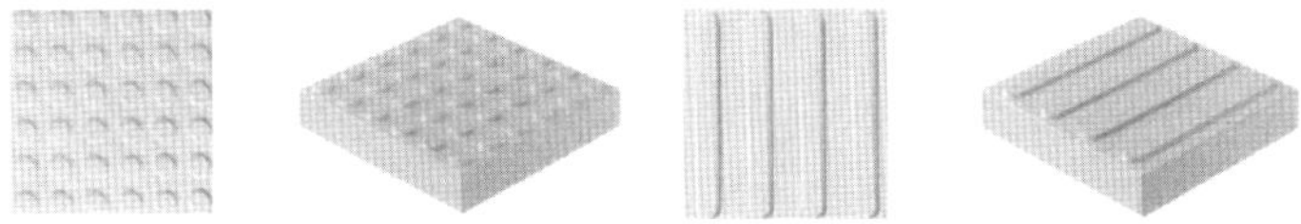

시각장애인이 위치와 방향을 제대로 알 수 있도록 유도하는 시설물이다. 시각장애인이 보도의 형태나 보행 코스에 대해서 어느 정도 정보를 가지고 있는 횡단보도·지하철역·버스 정류장 등 공공장소에 설치된다. 블록의 형태는 발바닥의 촉감, 시각장애인용 흰지팡이의 터치 기술, 일반 보행자와의 관계, 도시 미관 등 여러 요인을 종합적으로 검토해 결정된다.

정보의 인지와 구별에 따라 크게 위치표시용과 방향표시용으로 나뉜다. 위치표시용은 점자유도블록이라고도 한다. 보행 분기점·대기점·시발점·종료지점 등의 위치를 표시하며, 위험물이나 위험지역을 알리는 역할도 한다.

규격은 다양하지만, 보통 30(가로)×30(세로)×6㎝(높이)의 콘크리트제 사각 형태가 많이 쓰인다. 양각된 돌기의 수는 외부용 콘그리트 블록은 36개, 내부용은 64개가 알맞다.

방향표시용은 선(유도)블록이라고도 한다. 보행 분기점·대기점·시발점에서 목적 방향으로 일정한 거리까지 설치하여 정확한 방향을 알 수 있도록 하는 데 목적이 있다. 끝나는 지점에는 블록이 더 이상 연결되지 않는다는 사실을 알려 주는 시설이 되어 있다. 양각된 돌출선은 윗면은 평면이 주로 쓰이고, 돌출선의 양 끝은 둥글게 처리한 것이 많다.

그 밖에 ㄱ자 모양의 굴절점 표시용 블록, 화살표시 블록 등 여러 종류가 있지만, 위치표시용과 방향표시용 블록에서 크게 벗어나지 않는다. 한국의 경우 대부분의 지하철역에 점자유도블록과 계단손잡이 점자표시판이 설치되어 있다.

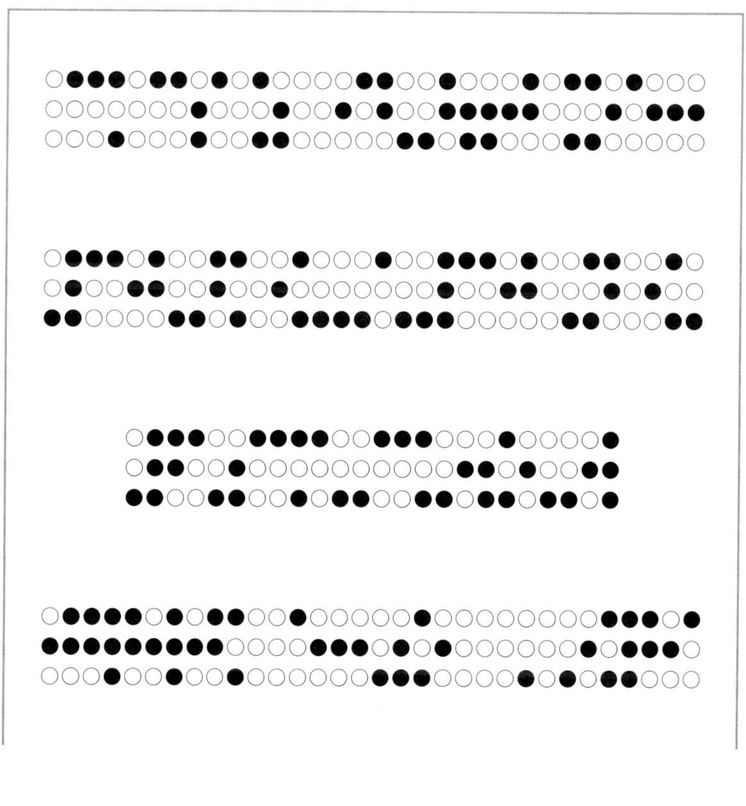

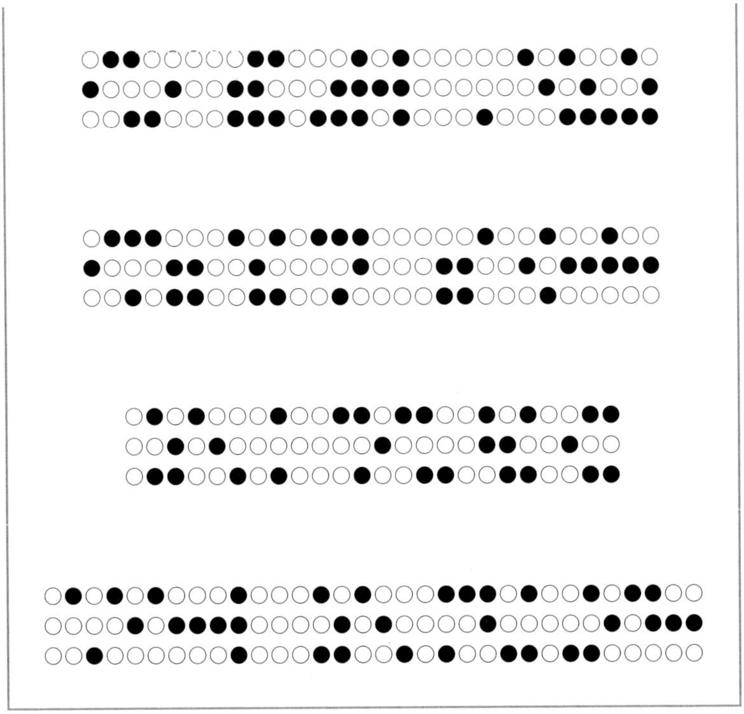

규격은 다양하지만
30(가로)×30세로
6㎝(높이)의
형태가 많이 쓰인다
돌출선의 끝은
둥글게 처리한
점자 유도블록
계단의 점자표시판

존경받는 위대한 장애인들

세계에는 존경받는 위대한 분들이 많이 있다. 미국의 경우 링컨, 루스벨트, 케네디 등은 대통령의 역할을 훌륭하게 수행했던 위인으로 기억되고 있다.

그 중에서 미국 32대 대통령 프랭클린 D. 루스벨트는 뉴딜 정책으로 수천만의 고용을 창출함으로 대공황을 이겨내어 1940년대 경제 부흥의 기틀을 마련했다. 더구나 2차 세계대전에 참여해 승전을 주도함으로써 미국의 위상을 한껏 드높인 인물이었다. 그는 탁월한 리더십으로 실의에 빠진 국민들에게 믿음과 희망을 준 대통령으로 평가되고 있다.

그런데 루스벨트는 소아마비 장애인으로서 휠체어와 지팡이에 의지했던 사람이라는 것을 기억하는 사람은 그리 많지 않은 것 같다. 악성이라고 불리는 베토벤은 청각장애인이었으며, 우주물리학자 스티븐 호킹은 루게릭병이라는 드문 병을 앓고 있는 중증의 지체장애인이다. 그런가하면 장애인의 대명사로 불리면서 많은 사람의 존경을 받는 헬렌켈러가 있다.

우리나라에서는 한국 최초로 노벨상을 수상한 김대중 전 대통령이 지체장애인으로 잘 알려져 있으나, 장애인 중에서는 이처럼 명성을 날린 사람은 거의 없고 외국인이 대부분이다.

이렇듯 우리나라 역사에 남을 만한 장애인이 별로 없다보니 우리나라를 대표할 만한 시각장애인 하면 엉뚱하게도 '심청전'에 나오는 '심 봉사'를 떠올리게 된다.

그러나 우리나라에도 존경받을 만한 훌륭한 장애인이 있었다. 지난 천 년 동안 가장 위대한 인물과 가장 자랑스러운 일에 관한 여론조사에서 우리나라 역사상 가장 위대한 인물은 바로 세종대왕이고, 가장 자랑스러운 일은 한글창제로 선정되었다.

이처럼 위대한 세종대왕에 대해 사람들이 잘 모르는 사실이 한 가지 있었으니, 그것은 바로 그가 시각장애인이었다는 사실이다.

정확하게는 선천적인 장애인은 아니고 재위 중에 실명하게 되는 중도 장애로 알려져 있다. 세종대왕은 안질에 걸려 시력이 점점 약해지게 되었다. 일상생활에 불편을 느낄 정도가 되자 세종 23년(1440년) 눈이 보이지 않아서 정사를 돌볼 수 없다며 세자에게 전위하겠다고 발표하는데 신하들이 울면서 만류했다고 세종실록에 전하고 있다.

세종대왕은 그 후에도 서너 차례 보위에서 물러나겠다고 했는데 그 이유가 눈이 보이지 않는다는 것이었다.

세종대왕은 중도 실명자였지만 그의 시각장애가 문제가 되지 않은 것은 그가 임금이었고, 또 선정을 베풀었기 때문이다.

그가 시각장애인이었다는 사실이 가장 잘 드러나는 것은 맹인들을 위해 좋은 일을 많이 한 시각장애인 복지정책에서 잘 나타난다.

세종 18년(1435년)에는 시각장애인 지화에게 종3품 벼슬을 주었고, 시각장애인을 위한 관청인 명통사에 쌀과 황두(콩)를 주어 시각장애인을 지원한 기록도 있다.

또한 궁중 내연에서 연주를 맡았던 관현 맹인이 가장 대접을 받았던 때도 바로 세종 시절이었다고 한다.

세종대왕이 이토록 시각장애인들에게 관심이 많았던 것은 자신의 시각장애 때문일 것이라고 학자들은 추측하고 있다.

미국이 소아마비 장애를 가지고 있는 루스벨트 대통령을 통해 세계적인 국가로 거듭난 것을 보면서, 우리나라는 그보다 500년이나 앞선 세계 최초의 시각장애인 임금이 있었지만 세종대왕을 세계적인 위인으로 만들지 못한 것은 우리나라에서조차 그에 대해 단지 태평성대를 이룬 성군이며 한글을 창제했다는 정도로만 알고 있기 때문일 것이다.

한국의 가장 위대한 인물이 세계 최초의 시각장애인 임금이었다는 사실을 알린다면 우리 민족의 강인한 극복정신이 더 빛나지 않을까 생각된다.

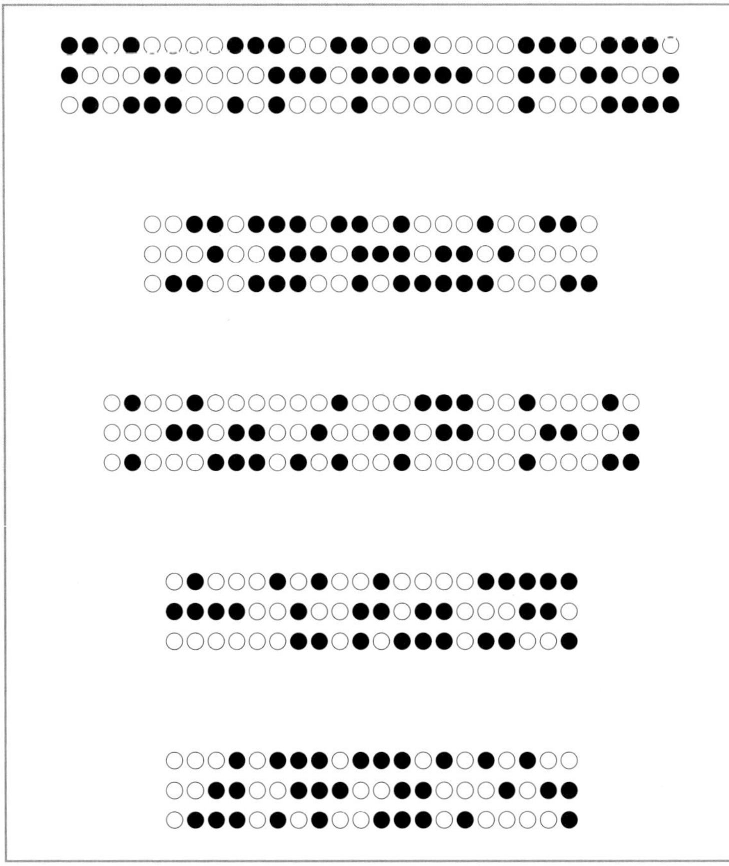

가장 위대한 인물은

세종대왕이고

자랑스러운 일은

한글창제가

선정되었다.

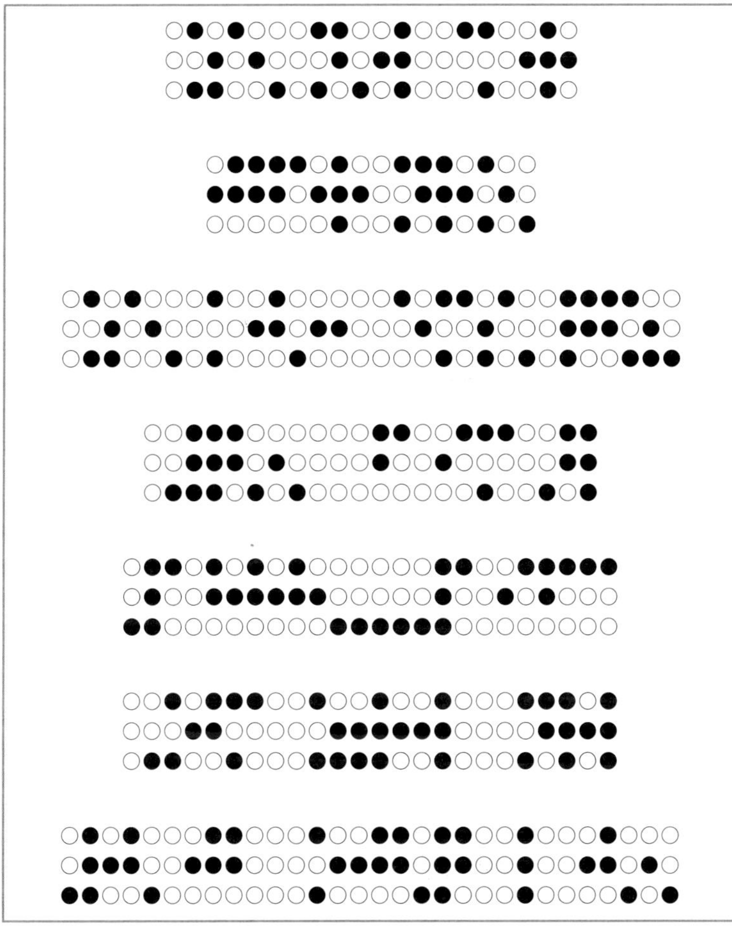

점자의 유래
훈맹정음
점자란 무엇인가?
송암 박두성
1888~1963
시각장애의 정의
0.02 이하인 사람

일상생활에서의 점형과 점자

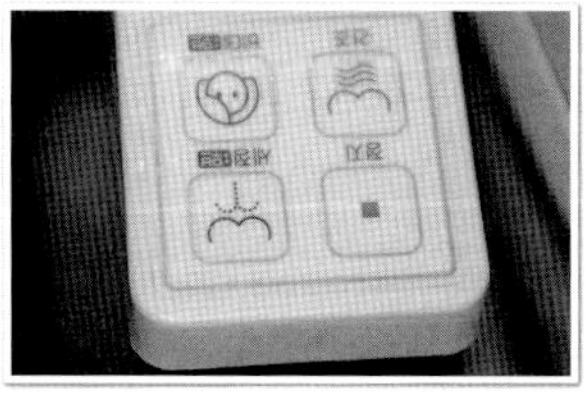

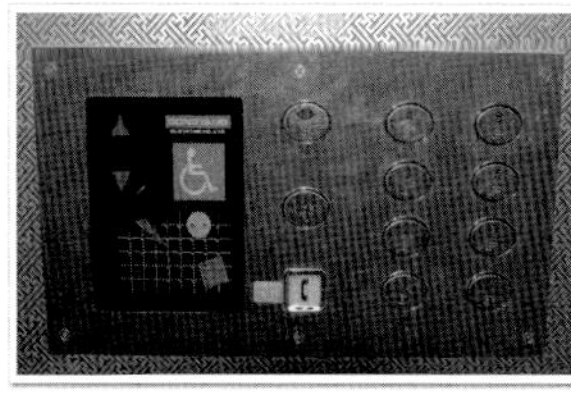

참고문헌

교육과학기술부(2009). **점자 익히기**. 서울: 교육과학기술부.

김승국(1982). **한국 점자 개발 연구**. 서울: 단국대학교.

김승국(1999). **한글 점자의 변천**. 단국대학교 특수교육연구소.

박순희(2010). **시각장애아동의 이해와 교육**. 서울: 학지사.

손광훈(2004). **장애인복지론**. 서울: 현학사.

염동문(2003). **장애인 이해와 인식 개선**. 경상남도장애인재활협회.

이진학, 이하범, 허원, 홍영재(2008). **안과학**(제8판). 서울: 일조각.

이진훈(2011). **한글 구성 원리에 의한 한글 점자의 재구성에 관한 연구**. 아주대학교 대학원 석사학위논문.

이해균(2000). **제7차 특수학교 교육과정 개정에 따른 점자지도의 방략**. 특수교육연구.

이해균(2001). **점자의 물리적 특성과 정보 매체에 대한 고찰**. 시각장애연구.

임안수(2001). **약자 점자의 사용에 따른 지면 절약에 관한 연구**. 시각장애연구.

임안수(2008). **시각장애와 교육**. 서울: 학지사.

장동원(2008). **시각장애학생을 위한 보조공학기기 활용의 실제**. 인천시 교육청 직무연수 자료집.

송암 박두성 기념관 http://ibusongam.or.kr

점자세상 http://www.braillekorea.org/

한국시각장애인연합회 http://www.kbuwel.or.kr

❙ 염동문

경성대학교 사회복지학 박사

경남장애인재활협회 재활정보센터장

한국수화방송국 국장

한국국제대학교 사회복지학과 교수

❙ 이성대

한국국제대학교 사회서비스학과 박사과정

동명대학교 사회복지학과 시간강사

시각장애와 한국 점자

초판 1쇄 인쇄 2012년 4월 5일
초판 1쇄 발행 2012년 4월 12일

지 은 이 | 염동문·이성대
펴 낸 이 | 김기섭
책임편집 | 오경미
펴 낸 곳 | 창지사 www.changjisa.com
153-802 서울시 금천구 가산동 345-13 파트너스타워 1차 9층
전화 (02) 719-2211~3
팩스 (02) 701-9386
등 록 | 1977년 4월 28일 · 제1-421호

ISBN 978-89-426-2241-2 (93330)

값 7,000원